Lust auf Sprache!

Sprachliche Phänomene mit Jugendlichen entdecken

Antje Lehbrink

Verlag an der Ruhr

Impressum

Titel
Lust auf Sprache!
Sprachliche Phänomene mit Jugendlichen entdecken

Autorin
Antje Lehbrink

Titelbildmotiv
Graffiti: © marqs/Photocase.com; Kugeln: © arsdigital.de/Fotolia.de

Bildnachweis
siehe Seite 110

Verlag an der Ruhr
Mülheim an der Ruhr
www.verlagruhr.de

Geeignet für die Altersstufen 13–18

Unser Beitrag zum Umweltschutz
Wir sind seit 2008 ein ÖKOPROFIT®-Betrieb und setzen uns damit aktiv für den Umweltschutz ein. Das ÖKOPROFIT®-Projekt unterstützt Betriebe dabei, die Umwelt durch nachhaltiges Wirtschaften zu entlasten.
Unsere Produkte sind grundsätzlich auf chlorfrei gebleichtes und nach Umweltschutzstandards zertifiziertes Papier gedruckt.

ISBN 978-3-8346-0744-7

Printed in Germany

Inhaltsverzeichnis

5 | Vorwort
6 | Prolog: Was ist Sprache eigentlich?

7 | Sprache als System

8 | Was das Lexikon sagt
9 | Buchstabensuppe
10 | Wortsalat
11 | Wann ist ein Wort ein Wort?
12 | Der Unterschied zwischen allem
13 | Die Schrift – stumme Sprache
14 | Zum Beispiel Hieroglyphen
15 | Vom Zauber alter Schriften
17 | Grammatik – die Welt sortieren
18 | Warum Mark Twain die deutsche Grammatik hasste
20 | Richtig schreiben – warum eigentlich?
21 | Richtig schreiben – aber wie?

23 | Mensch und Sprache

24 | Wie der Mensch zur Sprache kam
25 | Was wäre der Mensch ohne Sprache?
26 | Kleine Kinder – Sprachgenies
27 | „Wilde Kinder" als Forschungsobjekte
28 | Unglaublich viele Wörter im Kopf
29 | Wenn die Sprache im Chaos versinkt
30 | Wie macht man eigentlich ein P?
31 | Sprache und Denken
32 | Sprache – Weg zur Wahrheit oder „leere Hülse"?
33 | Vernäht und zugeflixt – Versprechen ist menschlich
34 | Ich hab' mich wohl verhört!?
35 | Kommunikation – tierisch einfach?
36 | Männer und Frauen – Nur ein Wort

39 | Man spricht Deutsch

40 | Wie kommt das Deutsche eigentlich zu Stande?
43 | Der deutsche Wortschatz
44 | Wie der Hund in die Pfanne kam
45 | Wörter leben auf – Wörter sterben aus
46 | Sprachwandel heute – Denglisch

47 | Andere Länder, andere Sprachen

48 | Vom Turmbau zu Babel
49 | All die Sprachen dieser Welt
51 | Übersetzen – Vermitteln in Babylon
52 | Von Wolken und Kisten – Chinesisch und Deutsch
53 | Babelfische – kleine Universalübersetzer
54 | Eine Welt – eine Sprache? Esperanto & Co.
55 | Kunstsprachen – blühende Fantasie

57 | Meine Sprache, deine Sprache! Alles Deutsch, oder was?

58 | Bewerbungsschreiben der anderen Art
59 | Jugendwort des Jahres
60 | Fachsprachen – Wissen auf den Punkt gebracht?
61 | Fachchinesisch – gute Laune im Parlament
62 | CU @ café ein Uhr :-)
63 | E-Mail, SMS & Co. – Verfall oder Wandel?
64 | Andere Sprachen von Dorf zu Dorf – Dialekte
65 | Himmelherrgottnocheins – Fluchen ist universell
66 | Test: Welchen Sprachstil hast du?
68 | Wer zusammengehört, hat eine eigene Sprache
69 | Der ganze Körper spricht
70 | Gebärdensprache – stumme Worte
72 | Streng geheim – sprachliche Codes
73 | Jeder spricht ganz viele Sprachen
74 | Eine Frage des Stils

Inhaltsverzeichnis

75 | **Was Sprache kann – oder auch nicht**

76 | Hokuspokus – Sprachmagie
77 | Sprechen ist Handeln
78 | Die Lehre von der Argumentation
79 | Die Zugspitztoten: Ein Fall vor Gericht
80 | Sprache, Macht und Vorurteile
81 | Propaganda
83 | Die Angst vor dem gedruckten Wort
85 | Werbung – Ich bin doch nicht blöd!?
87 | Sprache schafft Wirklichkeit
88 | Macht und Ohnmacht von Namen
89 | Die Lehre vom Missverständnis
91 | Unsagbares

93 | **Sprache – hässlich, schön, verspielt**

94 | Romane lesen? Wozu denn?
95 | Das richtige Wort
96 | Stilmittel – Texten Leben einhauchen
97 | Kleine Dichterwerkstatt
98 | Metaphern sind überall
99 | Interpretationen – wenn die Läuse leise ...
101 | Früher Goethe – heute Sido?
102 | Poesie – „Nichts anderes als Zaubersprüche“
103 | Lustig? Sprachwitze und -spielereien
104 | Poetry Slams – Sprachwettbewerbe
106 | Comicsprache – grübel, grübel, kicher, kicher
108 | Das schönste Wort

109 | Epilog: Die Sprache unserer Enkel
110 | Lösungen und Bildnachweis
111 | Medientipps

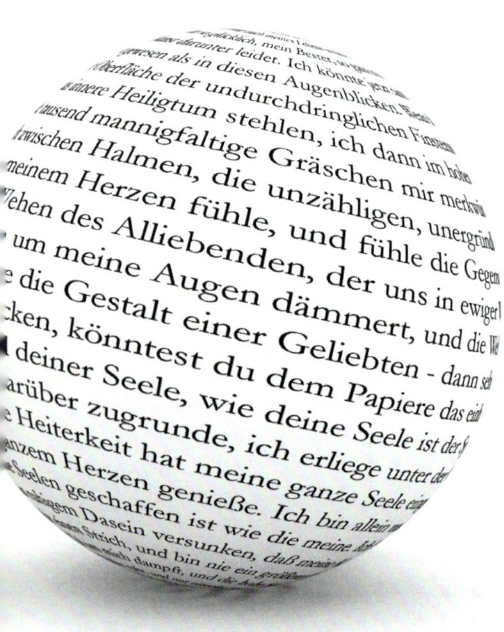

Liebe Schüler!

Vorwort

They've a temper, some of them – particularly verbs: they're the proudest – adjectives you can do anything with, but not verbs – however, I can manage the whole lot of them! (Humpty-Dumpty)

Lewis Carroll (englischer Schriftsteller, 1832-1898), Through the Looking-Glass

Am Anfang war das Wort – das habt ihr sicher schon mal gehört. Ob dieses Wort – wie man früher glaubte – ein Geschenk Gottes ist, das sei einmal dahingestellt. Am Anfang ist es auf jeden Fall: Am Anfang dieses Buches. Am Anfang jeden Buches. Am Anfang jeder Unterhaltung, am Anfang aller Episoden, in denen Weltgeschichte geschrieben wurde – am Anfang des Menschseins. Denn was macht den Menschen aus, wenn nicht die Fähigkeit, Gedanken, Wissen, Vergangenes in Worte zu kleiden? Ob mündlich oder schriftlich, ob Deutsch, Englisch, Chinesisch oder Kyrillisch, ob Morsealphabet oder Gebärdensprache – wir alle kommunizieren unentwegt. Und wir alle wären ziemlich aufgeschmissen ohne die Fähigkeit dazu.

Grund genug, sich das komplexe System „Sprache", das wir als Kinder scheinbar automatisch erlernen, in dem wir uns tummeln wie Fische im Wasser, einmal genauer anzuschauen: Genau dazu lädt dieses Buch euch ein. Und zwar immer, indem ihr mit beiden Händen hineingreift in das Wörtermeer, das euch umgibt, Sprachtropfen, aber auch Spuren aus Sprachflüssen und -meeren unter das Mikroskop nehmt und erkennt, was für ein faszinierendes Leben sich in ihnen abspielt. Und indem ihr selbst hohe Wellen schlagt darin.

Zunächst geht ihr in einer Art Prolog der Frage auf den Grund, was Sprache eigentlich ist. Gar nicht so einfach zu beantworten!

- Das erste Kapitel widmet sich dann der Sprache als System.
- Im zweiten Kapitel kommt der Mensch ins Rennen. Denn keine Sprache ohne einen Menschen, der sie spricht ... Nicht immer eine leichte Beziehung, wie ihr sehen werdet.
- Im dritten Kapitel wird das Deutsche unter die Lupe genommen – exemplarisch für all die Sprachen, die es gibt.
- Im vierten Kapitel dreht sich alles um die vielen, vielen Sprachen dieser Erde – und um die Kunst der Übersetzung, der allein man ohne Weiteres ganze Bücher widmen könnte.
- Wie viele Sprachen wiederum innerhalb einer einzigen möglich sind, das beweist das fünfte Kapitel. Denkt nur einmal an Dialekte, an die Jugendsprache, an Fachchinesisch und an das, was ihr im Chat so tut ...
- Um die Macht von Sprache, aber auch um ihre Grenzen geht es im sechsten Kapitel. Wer Sprache geschickt zu gebrauchen weiß, kann Unglaubliches erreichen, aber auch unglaublichen Schaden anrichten. Andererseits können auch Worte bei Weitem nicht alles fassen, was es zwischen Himmel und Erde gibt ... Oder?
- Das siebte Kapitel schließlich widmet sich der Schönheit von Sprache, dem Spiel mit ihr, dem täglichen Brot der Schriftsteller, der Lyriker dieser Welt.
- Der Epilog schließt dann mit dem Blick in die Zukunft auf die „Sprache unserer Enkel".
- Am Schluss findet ihr noch eine Seite, auf der Lösungen angegeben sind.

Am Anfang war das Wort – und allem Anfang wohnt ein Zauber inne, den ihr nun entfesseln könnt.

Viel Spaß dabei wünscht euch

Aus: Loewe, DIE SCHÖNSTEN GESCHICHTEN VON PIGGELDY UND FREDERICK © 2008 by Ravensburger Buchverlag Otto Maier GmbH, Ravensburg

Kennt ihr Piggeldy und Frederick, die beiden Hausschweine? Frederick ist Piggeldys großer Bruder. Und der muss dem Jüngeren ganz schön viele Fragen beantworten! Was der Regen ist, z.B. Oder die Liebe.

Piggeldy wollte wissen, was Sprache ist. „Frederick", bat er seinen großen Bruder, „Frederick, sag mir, was Sprache ist!"

„Nichts leichter", entgegnete Frederick, „als das. Komm mit!"

(...)

Und Piggeldy ging mit Frederick nach Hause.

Aufgaben

1. Seht euch bei YouTube® ein paar der Geschichten an (einfach „Piggeldy" eingeben). Schreibt dann den fehlenden Teil der Geschichte. Ihr dürft dabei nicht mehr Platz benutzen, als euch auf einem DIN-A5-Blatt zur Verfügung steht.
2. Tauscht anschließend eure Texte in der Klasse aus, und macht einen kleinen Wettbewerb: Wer hat die beste Erklärung dafür gegeben, was Sprache ist? Stimmt darüber in der Klasse ab.
3. Sammelt an der Tafel: Wie viele richtige, aber völlig verschiedene Antworten haben eure Geschichten ergeben?

Kapitel 1

Sprache als System

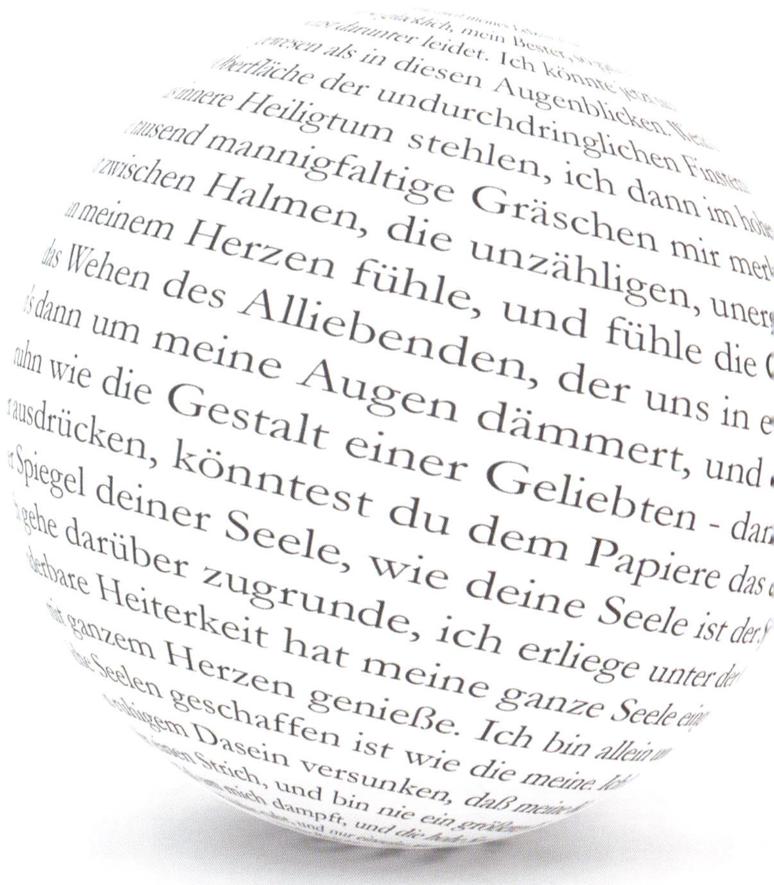

Was das Lexikon sagt

Spra|che – die Fähigkeit zu sprechen sowie die Gesamtheit der sprachlichen Ausdrucksmittel, die einer menschl. Gemeinschaft zur Verfügung stehen. S. kann als soziales Phänomen (insofern für das Zustandekommen sprachl. Ereignisse mind. 2 Sprecher/Hörer notwendig sind), als akust. (Folge von Schallereignissen) oder als psych. Phänomen (insofern das Stattfinden bestimmte innerpsych. Prozesse vor einer sprachlichen Äußerung und nach deren Rezeption voraussetzt) oder auch als System log. Operationen aufgefasst werden (insofern S. die Wirklichkeit in die symbol. Form sprachl. Zeichen überführt und dieser Prozess nach bestimmten Regeln abläuft.) [...]

_ *Quelle: Digel, Werner u.a.: Meyers Großes Taschenlexikon in 24 Bänden. Band 21. B.I. Taschenbuchverlag, 1992. ISBN 978-3-411-11064-3. S. 83.*

Sprach|fa|mi|li|e – Bez. für eine Gruppe von Sprachen, die auf Grund ihrer genet. Verwandtschaft zusammengehören.

_ *ebd., S. 39*

Sprach|ge|mein|schaft – Gruppe von Sprechern mit wesentlich gleichem Sprachbesitz. Die S. ist vielfach gegliedert in Mundarten oder Dialekte, nach Altersstufen, Geschlecht, der sozialen Stellung, dem Bildungsgrad, Berufs- oder Lebensgemeinschaft. [...]

_ *ebd., S. 39*

Wort – kleinste selbstständige sprachl. Einheit mit einer unterscheidbaren Lautform, einer grammat. Funktion und einer Bedeutung. Seiner Lautform nach ist es eine ein- oder mehrsilbige Phonemfolge; grammatisch wird das Wort nach seiner inneren Struktur und seiner Funktion im Satz beschrieben. [...]

_ *ebd,. Band 24. ISBN 978-3-411-11244-9. S. 168. Hinweis: Das „Wort“ wird sehr unterschiedlich bzw. gar nicht fest definiert, in verschiedenen Lexika findest du deshalb ganz unterschiedliche Erklärungen.*

Buch|sta|be – (zu gleichbedeutend althochdt. Buohstap [Bez. für das im Unterschied zum Runenstab im Buch verwendete lat. Schriftzeichen],) Schriftzeichen zur graf. Wiedergabe sprachl. Einheiten. [...]

_ *ebd., Band 4. ISBN 978-3-411-11044-5. S. 91*

Laut (Sprachlaut) – jeweils in der Phonetik einzelnes Element der gesprochenen Sprache nach ihrer Zerlegung in möglichst kleine, von einem normalen menschl. Ohr wahrnehmbare Teile. [...]

_ *ebd., Band 13. ISBN 978-3-411-11134-3. S. 26*

Mund|art (Dialekt) – regional begrenzte, ursprüngl. und nicht an die Normen der Standardsprache (Hochsprache) gebundene Sprachform. [...]

_ *ebd., Band 15. ISBN 978-3-411-11154-1. S. 80*

Stan|dard|spra|che (Hochsprache, Gemeinsprache) – die über Mundarten, Umgangssprache und Gruppensprachen stehende, allgemeinverbindl. (genormte) Sprachform. Sie wird v.a. in der Literatur, im wiss. Schrifttum, in Presse, Hörfunk und Fernsehen und in anderen öff. Bereichen verwendet.

_ *ebd., Band 21. ISBN 978-3-411-11214-2. S. 77*

Aufgaben

1. **Gib die vorgestellten Begriffe in eigenen Worten wieder.**

2. **Sammelt im Laufe der Unterrichtseinheit in der Klasse alle Begriffe, die mit Sprache zu tun haben, und schreibt sie gemeinsam mit einer selbst formulierten Definition auf eine Karteikarte. Sortiert diese alphabetisch in einem Kasten: So erstellt ihr euch im Laufe der Zeit ein eigenes „Fachwörterbuch Sprache“.**

Buchstabensuppe

Spielt in der Klasse mindestens drei Runden „Hangman" bzw. „Galgenraten". Notiert an der Tafel die Reihenfolge, in der die Buchstaben geraten werden. Lest danach den Infotext.

Buchstaben sind Schriftzeichen und z.B. im Deutschen Symbole für die Sprachlaute. Das sind sozusagen die Atome, aus denen sich die Sprachwelt zusammensetzt.

Die Gesamtheit aller Buchstaben einer Sprache nennt sich – natürlich – „**Alphabet**". (Dieser Name stammt übrigens von den ersten beiden Buchstaben des Griechischen: Alpha und Beta.) Das Alphabet ist praktisch eine Aufzählung des gesamten „Atominventars" einer Sprache. Jeder, der ein Wort erfinden möchte, kann sich im Prinzip über diese Liste beugen und sich aussuchen, wie es zusammengesetzt sein soll. Buchstaben und Laute sind sozusagen die Knete, aus der wir unsere Wörter formen. Sie selbst haben zunächst einmal keinerlei Bedeutung.

Unser Alphabet haben wir, wie viele andere Sprachen auch, aus dem Lateinischen übernommen. Dort wiederum hatten griechische Zeichen als Grundlage gedient – es hat also schon eine lange Reise hinter sich. Immer wieder sind Buchstaben dazugekommen, zuletzt das W, das im Mittelalter aus zwei Vs zusammengeschmolzen ist.

Über das eigentliche lateinische Alphabet mit seinen 26 Schriftzeichen hinaus gibt es außerdem Buchstaben, die nur von einigen wenigen Sprachen verwendet werden – wie z.B. das Ö, das Ä oder das Ü. „O-Umlaut" nennen die Engländer z.B. das Ö und brechen sich einen ab, wenn sie es aussprechen sollen. Und auch auf ihrer Tastatur wirst du es nicht finden. Genauso wenig kennen wir wiederum das ç, das in vielen Sprachen geläufig ist (beispielsweise dem Türkischen oder Französischen), oder das ů, das in Tschechien ein langes U kennzeichnet.

Buchstaben können unterschiedlich ausgesprochen werden – je nachdem, in welcher „Umgebung" sie sich befinden. So gibt es z.B. das lange und das kurze I, wie in **Liebe** oder **Licht**. Das lange erkennen wir meistens an einem **H** oder einem **E** dahinter. Ein weiteres Beispiel ist das **D**: Es kann weich sein, wie in **baden**, oder hart, wie in **Bad**.

Aufgaben

1. **Seht euch noch einmal gemeinsam die Ergebnisse eures Spiels an:**
   a. Welche Buchstaben wurden beim Raten zuerst genannt? Warum? Lassen sich daraus grundsätzliche Regeln für das Vorkommen von bestimmten Buchstaben im Deutschen formulieren?
   b. Warum kommen wohl manche Buchstaben relativ häufig, andere eher selten vor? Findet eine Begründung für diese Regeln.
2. **Suche dir einen Partner.**
   a. Findet mindestens vier Buchstaben, die in unterschiedlichen Umgebungen unterschiedlich ausgesprochen werden.
   b. Tragt eure Beispiele in der Klasse zusammen, und seht sie euch genau an. Könnt ihr Regeln formulieren, denen ihr die einzelnen Beispiele zuordnen könnt? Denkt dabei auch an euren Deutschunterricht …
3. **Wenn eure Muttersprache nicht Deutsch ist: Welche Buchstaben des Deutschen kanntet ihr nicht? Welche gibt es dagegen nur in eurer Muttersprache?**

Wortsalat

Im Gegensatz zu den meisten Lauten bzw. Buchstaben und Silben tragen Wörter eine eigene Bedeutung. Aber wie kommt diese Bedeutung zu Stande? Warum das, was die Katze tut, „miauen" heißt, das ist klar. Und darin sind sich auch viele Sprachen relativ einig: „to miaow" heißt es im Englischen, „miauler" im Französischen. Allerdings ist es selten, dass Wörter sich so nah an den Geräuschen orientieren (können), die sie bezeichnen. Einen entsprechend exotischen Namen haben sie deshalb: **Onomatopoetika**. Aber auch der deutsche Ausdruck dafür ist passend: **lautmalerische Wörter**. Auch „rumpeln" oder „klirren" können als solche betrachtet werden.

Komplizierter wird es, wenn ihr den Großteil der Wörter betrachtet, die ihr Tag für Tag verwendet. Warum heißt die Luft „Luft", und warum heißt eigentlich heißen „heißen"?

Darüber hat sich auch der Schweizer Sprachwissenschaftler *Ferdinand de Saussure* (1857–1913) Gedanken gemacht. Er hat sich in der **Semiotik**, der Lehre vom Wesen, vom Entstehen und vom Gebrauch von Zeichen, einen großen Namen gemacht – auch wenn er immer wieder heiß diskutiert wurde.

Wörter sind für de Saussure **sprachliche Zeichen**. Zwischen diesen (z.B. „Katze") und dem Bezeichneten (hier dem Tier, das mit dieser Buchstabenkombination benannt wird) gibt es **keinerlei innere Verbindung**. Die Bedeutung eines Zeichens entsteht erst im **sozialen Austausch**. Sie entsteht, indem man sich gemeinsam auf sie einigt und alle das Wort dann in diesem Sinne verwenden: Wir brauchen einen Namen für das, was uns umgibt, wir nennen es „Luft" – und da wir alle die Luft „Luft" nennen, wenn wir sie bezeichnen möchten, trägt das Wort „Luft" fortan diese Bedeutung. Hätten wir jedoch zu Beginn gesagt, wir nennen das, was uns umgibt, „Schiff" – ganz klar, dann würde unsere „Luft" jetzt „Schiff" heißen, und keiner würde sich darüber wundern.

Hat sein Leben ganz der Wissenschaft von der Sprache gewidmet: Ferdinand de Saussure

Etwas anderes ist es natürlich mit Wörtern wie dreizehn, Schäfer, luftig usw. Sie haben eine sehr enge innere Verbindung zu anderen Wörtern, die bereits festgelegt sind. Somit ist hier der Akt der „Be-Zeichnung" nicht mehr ganz so beliebig.

Aufgaben

1. **Suche dir einen Partner. Sammelt Wörter, die eurer Meinung nach Onomatopoetika sind. Erstellt eine Tabelle, und tragt darin ein, wie die Wörter in anderen Sprachen, beispielsweise dem Englischen oder dem Französischen, lauten. Wie viele Wörter findet ihr, die sich sehr ähnlich sind?**

2. **Versuche, ein Gedicht zu schreiben, in dem möglichst viele Onomatopoetika enthalten sind. Lest euch die Ergebnisse gegenseitig in der Klasse vor.**

3. **Findet mehr zu *Ferdinand de Saussure*, seinem Leben und seiner Arbeit heraus, und erstellt eine Wandzeitung mit Bildern und Fakten.**

Wann ist ein Wort ein Wort?

In der Sprachwissenschaft wird viel diskutiert – da diese Wissenschaft wenig Forschungsobjekte hat, die sie „anfassen" kann, sicherlich noch mehr als in anderen Disziplinen.

Beispielsweise sprechen Linguisten (= Sprachwissenschaftler) über diese Frage: **Wann ist ein Wort ein Wort?** Eine Frage, die übrigens auch die Wörterbuchmacher ziemlich interessiert ...

Die Antwort muss nach der gängigen Erklärung lauten: **Wenn eine Buchstabenkombination eine Bedeutung trägt.** Aber wann ist das der Fall?

Schon sind wir mittendrin in der Sprachwissenschaft! Und was die oben genannten Forscher können, das könnt ihr schon lange ...

Ich weiß nicht, ob Sie die psycholinguistische Debatte in den USA und Großbritannien verfolgen ... Sehr interessant. Man hat dort lange Äh und Ähm (im Englischen Uh und Uhm) nicht als Bestandteile der deutschen Sprache gesehen, eher als Geräusch oder Sprechabfall.

Dann haben Forscher den Fluss der Sprache untersucht. Und heute finden sie, Äh und Ähm seien normale Wörter. Das eine signalisiere eine kurze, das andere eine längere Pause im Redestrom.

_ *Quelle: Hacke, Axel: Wortstoffhof. Sprachgeschichten von Äh bis Zeitfenster. Verlag Antje Kunstmann, 2008. S. 12*

Fundstück	Duden	Zusammenhang	Funktion/ Bedeutung	Wort? (ja/nein)

Aufgaben

1. **Schlage nach: Als was stuft der Duden „Äh" ein?**

2. **Bildet Kleingruppen.**
   a. Nehmt mit einem Aufnahmegerät etwa drei Minuten eines Gesprächs auf, z.B. zu Hause am Abendbrottisch.
   Aber Achtung: Die Sprechenden müssen vorher ihr Einverständnis geben. Sagt ihnen einfach, wofür ihr die Aufnahme benötigt!
   b. Hört euch das Gespräch noch einmal ganz genau an, und notiert alles, wovon ihr nicht sicher seid, ob es als Wort gilt oder nicht.
   c. Findet ihr eure Fundstücke im Duden? Als was stuft er sie ein?

3. **Versucht nun, die Funktion dieser Ausdrücke näher zu bestimmen, so, wie es die Wissenschaftler mit „äh" und „ähm" getan haben. In welchem Zusammenhang wurden eure Fundstücke verwendet? In welchen könnte man sie noch verwenden? Könnt ihr entdecken, welche Bedeutung und welche Funktion sie im Sprachgebrauch haben? Und zuletzt: Würdet ihr sie also als bedeutungstragendes Wort bezeichnen? Legt eine Tabelle an (s.o.).**

Der Unterschied zwischen allem

Ärztin: Der Nächste bitte. Was fehlt uns denn?
Mann: Ich weiß den Unterschied nicht mehr, Frau Doktor.
Ärztin: Den Unterschied wovon?
Mann: Zwischen allem. (...)
Ärztin: Das ist ein Tisch, der ein Tisch ist, der ein Tisch ist. (Sie fasst den Tisch an, um ihm das Material vorzuführen. Sie versucht dem Mann zu zeigen, dass es sich um einen Tisch handelt.) Ein Tisch! Da, sehen Sie.
Mann: Nur ... nur.
Ärztin: Was – nur?
Mann: Wenn man fünf Zentimeter von dem Tischbein abschneidet, ist es dann auch noch ein Tisch?
Ärztin: Dann wäre es ein etwas wackeliger Tisch.
Mann: Wenn man von jedem Tischbein zehn Zentimeter abschneidet, ist es dann immer noch ein Tisch?
Ärztin: Das wäre dann so eine Art Teetisch.
Mann: Wenn man alle Tischbeine auf zwei Zentimeter Länge kürzt, ist es dann immer noch ein Tisch?
Ärztin: Die Tischbeine wären so gut wie unbrauchbar. Es wäre dann vielleicht eher ein Tablett.
Mann: (triumphierend) Also kein Tisch mehr! Es gibt also ein Minimum an Beinlänge, die einen Tisch zum Tisch macht!
Ärztin: Ja.
Mann: Wie lang ist diese Mindestlänge?
Ärztin: Etwa dreißig Zentimeter.
Mann: (...) Bitte seien Sie präzis! (...) Ich ertrinke doch selbst schon in Annäherungswerten. (...)
Ärztin: Gut. Also, achtundzwanzig Zentimeter.
Mann: Danke. – Jetzt stellen wir uns einmal einen Tisch mit der minimalen Tischbeinlänge vor, achtundzwanzig Zentimeter, das absolute Minimum. So. Und jetzt schneiden wir von jedem Tischbein einen Zentimeter ab. Ist es dann noch ein Tisch?
Ärztin: Ich weiß es nicht.
Mann: Ich nämlich auch nicht. Aber selbst wenn wir eine Antwort fänden, wäre dann auch ein Zwerg damit einverstanden?

Quelle: Campbell, Ken: Mr. Pilks Irrenhaus. Verlag der Autoren, 1988. S. 21-23

Aufgaben

1. Wie lässt sich die Eigenschaft von Sprache beschreiben, die hier aufs Korn genommen wird?

2. Überlegt in Kleingruppen. Welche Eigenschaften machen ...
   a. ... einen Tisch zum Tisch?
   b. ... einen Baum zum Baum?
   c. ... einen Freak zum Freak?
   d. ... einen Helden zum Helden?

Einigt euch auf alle Merkmale, die das Bezeichnete mindestens erfüllen muss, damit die Bezeichnung zutrifft. Tauscht euch dann mit euren Klassenkameraden aus. Was bedeutet es, wenn ihr euch nicht einigen könnt?

3. Recherchiert im Internet, womit sich die sprachwissenschaftliche Disziplin der Semantik befasst und was sie mit dem oben stehenden Dialog zu tun hat.

Die Schrift – stumme Sprache

Setzt euch in einen Kreis, und spielt mindestens zwei Runden „Stille Post“. Was kommen am Ende des Kreises für Sätze raus? Was meint ihr: Was hat euer Ergebnis mit der Erfindung der Schrift zu tun?

Wer redet, gibt etwas weiter. Aber alles Mündliche droht, verloren zu gehen, wenn es nicht wieder ausgesprochen wird – und wenn es wieder ausgesprochen wird, ist es anfällig für Fehler. Ihr wisst sicher alle, was ein Gerücht ist ...

Deshalb hat der Mensch die **Schrift** erfunden – viele Male, an ganz verschiedenen Orten. Und ganz verschiedene Arten davon.

Schon vor ca. 32 000 Jahren haben Menschen begonnen, Bilder an Höhlenwände zu zeichnen. Manche Wissenschaftler sind der Ansicht, dass dies erste Versuche waren, erworbenes Wissen dauerhaft zu bewahren: beispielsweise über Jagdtechniken oder Wanderrouten von Tieren.

Später haben alle bekannten frühen Hochkulturen, unter anderem das alte Ägypten, China oder die Maya, Schriften verwendet, die sie wohl unabhängig voneinander entwickelt hatten. Die ältesten Schriften waren meist **Bilderschriften**. Sie bestanden aus Bildzeichen, die das, was sie bezeichnen, entsprechend seiner Erscheinungsform wiedergaben. Solche Bildzeichen nennt man auch Piktogramme. Abstraktere Sachverhalte, die man nicht in Bildern zeigen kann, wurden in so genannten Ideogrammen dargestellt, z.B. symbolisierten laufende Beine das Gehen.

Bis zu unserer **Buchstabenschrift** – der lateinischen Schrift – war es noch ein weiter Weg: Ihre Buchstaben stehen für einzelne Laute. Daneben gibt es aber auch Schriften, bei denen ein Zeichen einer Silbe entspricht, sowie solche, bei denen es ein ganzes Wort symbolisiert.

Aufgaben

1. **Bildet drei kurze, einfache Sätze (z.B.: Die Katze trinkt Milch.) Chiffriert diese in einer von euch erfundenen Bilderschrift mit einem Zeichen pro Wort (Artikel u.Ä. könnt ihr einfach weglassen). Gestaltet die einzelnen Zeichen so einfach wie möglich. Gebt eure Zeichen dann an eure Nachbarn weiter – und umgekehrt. Könnt ihr eure Sätze gegenseitig entziffern?**
2. **Diskutiert in der Klasse: Warum haben sich wohl die Buchstabenschriften entwickelt? Welche Vorteile haben sie gegenüber den Bilderschriften? Gibt es auch Nachteile?**

Zum Beispiel Hieroglyphen

Steckbrief

Name: altägyptische Hieroglyphen

verwendet: ca. 3200 v. Chr. bis 300 n. Chr. in Ägypten

Schriftart: ursprünglich reine Bilderschrift, später um Konsonanten und Deutzeichen (so etwas wie Lesehinweise) ergänzt

Zeichenanzahl: ursprünglich 700, später 7000

Entstehung: Die Hieroglyphen wurden angeblich durch Thot, den Gott der Weisheit, erschaffen. Darum nannten die Ägypter sie auch „Schrift der Gottesworte“. Sie wurden zunächst zum Aufschreiben von Abrechnungen und zur Überlieferung wichtiger Inhalte verwendet und dann schnell zu einem kompletten System für alle möglichen Mitteilungen weiterentwickelt.

Sonstiges: Im alten Ägypten gab es wohl nur wenige Schriftkundige. Die Bezeichnung „Schreiber“ hatte lange die gleiche Bedeutung wie „Beamter“. Die Hieroglyphen waren zunächst sehr kunstvoll, da sie häufig an Tempel- oder Grabwänden verwendet wurden. Ursprünglich waren sie wohl oft mehrfarbig.

Hieroglyphen am altägyptischen Tempel in Karnak

Aufgaben

1. Auf der Seite www.blinde-kuh.de/egypten/hieroglyphen.html findest du ein Hieroglyphenalphabet. Schreibe deinen Vornamen in Hieroglyphen auf ein DIN-A4-Blatt. Spielt anschließend selber Schriftforscher: Die Seiten mit euren Namen könnt ihr nun einsammeln, anonym neu verteilen und „dechiffrieren“ (= entschlüsseln).

2. Bildet drei Gruppen, und erstellt ähnliche Steckbriefe zu folgenden Schriften:
   - chinesische Schrift
   - lateinische Schrift
   - arabische Schrift

   Sucht dazu auch Beispiele für Schriftzeichen. Unter „Sonstiges“ könnt ihr alle Besonderheiten auflisten, die euch beim Recherchieren auffallen. Informationen findet ihr in Lexika und im Internet. Stellt der Klasse eure Ergebnisse vor.

Vom Zauber alter Schriften 1/2

Sophie arbeitet an der Universität Köln – und zwar in der dortigen **Papyrussammlung**, die zu den bedeutendsten in Deutschland gehört. Hier wird täglich restauriert, übersetzt und entziffert: **Papyrus** war sozusagen das Papier des Altertums. Und wenn heute kleine Röllchen mit literarischen Texten, Urkunden, Briefen oder Zaubern auftauchen, versprechen sich die verschiedenen Wissenschaftler, die an der Entschlüsselung der uralten Botschaften beteiligt sind, Aufschluss über längst vergangenen Alltag, Glauben, über Rituale, Wünsche, Vorstellungen.

Sophie ist **Restauratorin**. In Berlin hat sie „Restaurierung und Grabungstechnik" studiert und währenddessen alle Materialien kennengelernt, die man bei Ausgrabungen finden kann: Keramik, Holz, Metall, Textilien, Leder und Papier.

Über den Papyrus, auf den sie sich spezialisiert hat, erzählt sie:

„Papyrus wurde von der Pflanze Cyperus Papyrus Linné gewonnen. (...) Es gibt verschiedene Papyrusqualitäten. Sie unterscheiden sich hinsichtlich der Stärke, Farbe und der Faserstruktur.

Die verwendeten Tinten variieren in ihrer Farbigkeit und Intensität. (...)

Üblicherweise wurde die Papyrusrolle mit dem Kalamos (einem Schreibrohr aus Schilf) oder in früherer Zeit mit einem Pinsel beschrieben. Dies geschah meistens zuerst auf der Papyrusseite, wo die Markfasern horizontal (recto) verlaufen. Diese Seite liegt beim Zusammenrollen innen. Anschlie-

_ *Sophie: „Antike Schriftträger sind immer einmalige Zeugnisse aus dem Leben der Vergangenheit. Diese zu entziffern und zu betrachten, ist jedes Mal eine Bereicherung."*

_ *© Helmar Mildner*

_ *Mietvertrag, Ägypten, 242 n. Chr. Kölner Papyrussammlung.*

Vom Zauber alter Schriften 2/2

ßend wurde die Außenseite mit dem vertikalen Faserverlauf (verso) beschriftet.

Der Erhaltungszustand der meisten Papyri ist auf die günstigen klimatischen Bedingungen in Ägypten zurückzuführen. Die trockenen Böden haben den Erhalt der Papyri ermöglicht. Lediglich vor den verschiedenen Befällen von Mikroorganismen konnten die Papyri nicht geschützt werden. Deshalb treten sehr oft Fraßlöcher und Fraßgänge sowie Sekrete von Käfern auf."

Für ihren Beruf braucht Sophie zum einen unendliche Geduld, zum anderen sehr ruhige Finger. Stück für Stück werden die Röllchen geöffnet, wird bröckelndes Material wieder zusammengesetzt. Sie liebt ihren Job.

„Man hat als Restaurator die Möglichkeit, Kulturgut zu erhalten", erklärt sie. Und auch der Austausch mit anderen Wissenschaftlern macht ihr großen Spaß. Sie ist ebenso für die **Pflege der Bestände** zuständig wie für das **Restaurieren** „neuer" Papyri, für das **Konservieren** wie auch das **Digitalisieren** für wissenschaftliche Zwecke.

„Jeder Papyrus ist spannend", sagt Sophie – egal ob es sich um den Brief aus dem alten Ägypten, dessen Restaurierung ihre Diplomarbeit war, oder den antiken Liebeszauber handelt. *„Papyri und alte Handschriften auf Papier und Pergament sind ja alle Zeugnisse aus alten Zeiten. Jedes Objekt für sich ist einzigartig und interessant, da es Geheimnisse der Vergangenheit in sich birgt."*

Welche Rolle spielt die Schrift selbst bei ihrer täglichen Arbeit?

„Um ein altes Schriftstück zu restaurieren", so Sophie, *„muss man nicht unbedingt die Schrift lesen können. Gerade bei Papyri orientiert man sich an den Fasern, man ergänzt nicht die fehlenden Buchstaben oder Zeichnungen. Bei alten Papierhandschriften oder Pergamenten orientiert man sich an den Bruchkanten und der Objektoberfläche."* Aber: *„Es ist natürlich ein viel spannenderes Arbeiten, wenn man weiß, was auf dem jeweiligen Objekt geschrieben steht. Dafür gibt es dann die verschiedenen Philologen [= Sprachwissenschaftler], die die Texte transkribieren [= in die heutige Form umschreiben]."*
Seit sie in Köln arbeitet, lernt sie Griechisch, was die Zusammenarbeit mit den Kollegen erheblich erleichtert.

Aufgaben

1. **Könntest du dir nach dem, was Sophie erzählt, vorstellen, als Papyrus-Restaurator zu arbeiten? Warum/Warum nicht?**

2. **Suche dir einen Partner. Auf der Website der Kölner Papyrussammlung** www.uni-koeln.de/phil-fak/ifa/NRWakademie/papyrologie/index.html **findet ihr einen Link zu der Reihe „Papyrologica Coloniensia". Dort könnt ihr einiges über Bestandteile der Sammlung erfahren. Welche Arten von Schriftstücken gibt es in Köln? Wo kommen sie her? Nennt Beispiele.**

3. **Recherchiert dort auch zum Kölner „Mani-Kodex", und verfasst einen Bericht darüber.**

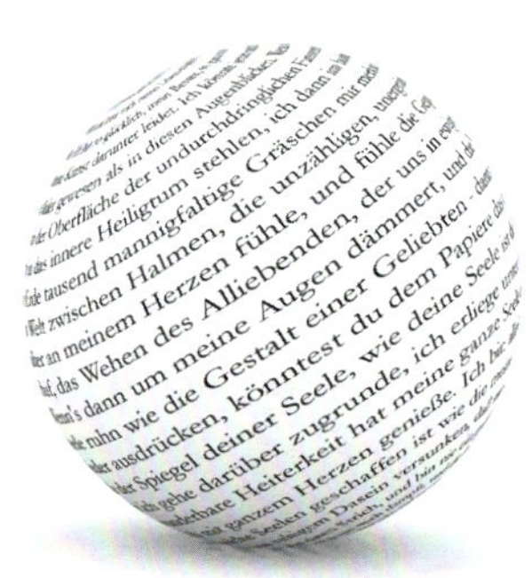

4. **Es gibt viele Berufe, die sich in irgendeiner Form um Schrift drehen.**
   a. Sammelt gemeinsam möglichst viele davon an der Tafel. Überlegt euch, welche ihr erreichen könnt: Gibt es beispielsweise eine Buchhandlung in eurer Nähe? Oder kennt ihr jemanden, der schon mal ein Buch geschrieben hat?
   b. Bildet Gruppen. Interviewt die verschiedenen Personen dazu, was Schrift für sie und ihren Beruf bedeutet. Tragt eure Ergebnisse in einer kleinen Broschüre zusammen, und illustriert sie.

Grammatik – die Welt sortieren

Grammatik – langweilige Korinthenkackerei? Nicht nur! Habt ihr schon mal darüber nachgedacht, wie sehr die Regeln eurer Sprache euch dabei helfen, die Wirklichkeit für euch und eure Mitmenschen zu sortieren?

Dabei sind diejenigen Wortarten essenziell, die unbedingt in einen Hauptsatz gehören: Nomen und Verb. Experten streiten sich, ob es auf der Erde überhaupt irgendeine Sprache ohne diese Kategorien gibt. Und die Zuordnung nehmen wir ganz automatisch vor. Oder habt ihr schon mal ernsthaft darüber nachgedacht, welche Wortart die richtige Wahl ist für das, was ihr ausdrücken wollt?

Auf der einen Seite haben wir die Dinge um uns herum. Dinge, die wir mit den Sinnen erfassen, denken, empfinden, träumen können, konkret und abstrakt: den Baum wie die Liebe, das Haus wie die Heimat. Dafür haben wir Namen: die Nomen. Für sich allein stehen diese Nomen ziemlich statisch da. Aber die Welt um uns herum ist, genau wie wir, ständig in Bewegung! Alle tun unentwegt irgendwas – deshalb kommen wir nicht ohne die Tuwörter, die Verben, aus. Und darum machen wir mit jedem Satz, den wir sagen, eine Behauptung über ein Ding, das irgendetwas tut (das Subjekt), und vielleicht auch über ein Ding, mit dem etwas getan wird (das Objekt). Alle anderen Wortarten dienen den genannten und bestimmen sie näher, fügen sich brav ein in Haupt- und Nebensätze. Dass alle Menschen in ihrer Muttersprache ganz automatisch das zu Sagende in die richtige Ordnung bringen, ist eine der größten Leistungen unseres Gehirns.

Auf der anderen Seite lässt sich eine Grammatik immer auf wenige essenzielle Grundregeln herunterbrechen. Auf der Ebene der Satzglieder haben wir zunächst einmal nur das Subjekt und das Prädikat. Egal ob das Subjekt „der Hund" ist oder „der Nackthund, der sich als hässlichster Hund der Welt einen Namen gemacht hatte".

Egal ob das Prädikat „urinierte" ist oder „urinierte mit Leidenschaft in den vom Nachbarn liebevollst gepflegten Vorgarten, in dem sich einige ausgesprochen seltene Käfer mit ausgeprägter Urinallergie befanden." Jedes einzelne Satzglied lässt sich auf einen wesentlichen Kern reduzieren. Das ist es, was das menschliche Gehirn Tag für Tag tut, sobald es mit Sprache zu tun hat.

Mit Grammatik verpacken wir die Wirklichkeit – und machen den ersten großen Schritt, um sie auch zu verstehen oder zu deuten.

Aufgaben

1. Bildet Kleingruppen. Schreibt möglichst viele Nomen, Verben und Adjektive auf Zettel, und sammelt sie in verschiedenen Behältern. Zieht dann der Reihe nach jeweils zwei Nomen, ein Verb und ein Adjektiv, und bildet einen Satz mit möglichst natürlicher Satzstellung (mit Subjekt und Objekt).
2. Experimentiert anschließend mit der Stellung der Wörter im Satz. Was passiert mit der Aussage des Satzes? Warum? (Beispiel: Der Hund frisst hungrig den alten Käse./ Den alten Käse frisst der Hund hungrig./...)
3. Stelle dir vor, du hast Besuch von einem Außerirdischen. Er hat eifrig ganz viele Wörter gelernt – nur von Grammatik hat er noch nie was gehört. Erkläre ihm schriftlich, was Grammatik ist und wofür sie gut ist. Arbeite dabei mit Beispielen.

Warum Mark Twain die deutsche Grammatik hasste 1/2

Mark Twain (1835–1910), der Erfinder von Tom Sawyer und Huckleberry Finn, ließ sich in einem Essay namens „Die schreckliche deutsche Sprache" ausgiebig über die Regeln derselbigen aus. Hier einige Auszüge:

Ganz bestimmt gibt es keine andere Sprache, die so ungeordnet und unsystematisch, so schlüpfrig und und unfaßbar ist; man treibt völlig hilflos in ihr umher, hierhin und dahin; und wenn man schließlich glaubt, man hätte eine Regel erwischt, die festen Boden böte, auf dem man inmitten der allgemeinen Unruhe und Raserei der zehn Wortarten ausruhen könne, blättert man um und liest: ‚Der Schüler beachte sorgfältig folgende Ausnahmen.' […] Jedesmal, wenn ich glaube, einen dieser vier verwirrenden Fälle da zu haben, wo ich ihn meistern kann, schleicht sich eine scheinbar unbedeutende Präposition in meinen Satz ein, ausgestattet mit einer furchtbaren und ungeahnten Macht, und läßt den Boden unter mir wegbröckeln. […] ein Durchschnittssatz in einer deutschen Zeitung ist eine erhabene und ehrfurchtgebietende Kuriosität; er nimmt eine Viertelspalte ein; er enthält alle zehn Wortarten – nicht in der gehörigen Reihenfolge, sondern durcheinandergewürfelt. Er ist hauptsächlich aus zusammengesetzten Wörtern gebaut, die der Schreiber an Ort und Stelle konstruiert hat und die in keinem Wörterbuch zu finden sind – sechs oder sieben in eines zusammengepreßte Wörter ohne Naht oder Saum – das heißt ohne Bindestriche. […] Hier folgt nun ein Satz aus einem beliebten und ausgezeichneten deutschen Roman – mit einer kleinen Parenthese [= Einschub] darin. Ich werde ihn absolut wörtlich übersetzen und zur Unterstützung des Lesers die Klammern und ein paar Bindestriche hinzufügen – obwohl im Original keine Klammern oder Bindestriche stehen und es dem Leser überlassen bleibt, sich bis zu dem fernen Verb hindurchzumühen, so gut er kann: ‚Wenn er aber auf der Straße der (in-Samt-und-Seide-gehüllten-jetzt-sehr-ungeniert-nach-der-neuesten-Mode-gekleideten) Regierungsrätin begegnet', und so weiter und so fort. […]

Die Deutschen haben noch eine Art von Parenthese, die sie bilden, indem sie ein Verb in zwei Teile spalten und die eine Hälfte an den Anfang eines aufregenden Absatzes stellen und die andere Hälfte an das Ende. Kann sich jemand etwas Verwirrenderes vorstellen? Diese Dinger werden ‚trennbare Verben' genannt. […]

Wenn wir in unserer erleuchteten Sprache von ‚our good friend or friends' sprechen wollen, halten wir uns an diese eine Form und haben keinen Kummer oder Ärger damit; aber bei der deutschen Sprache ist es anders. Wenn ein Deutscher ein Adjektiv in die Hände kriegt, dekliniert er es und dekliniert es immer weiter, bis der gesunde Menschenverstand ganz und gar herausdekliniert ist. Es ist genau so schlimm wie Latein. Er sagt z.B.:

Singular ➤	Nominativ:	Mein guter Freund	my good friend
	Genitiv:	Meines guten Freundes	of my good friend
	Dativ:	Meinem guten Freunde	to my good friend
	Akkusativ:	Meinen guten Freund	my good friend
Plural ➤	Nominativ:	Meine guten Freunde	my good friends
	Genitiv:	Meiner guten Freunde	of my good friends
	Dativ:	Meinen guten Freunden	to my good friends
	Akkusativ:	Meine guten Freunde	my good friends

Warum Mark Twain die deutsche Grammatik hasste 2/2

[...] Man möchte in Deutschland lieber ohne Freunde auskommen, als sich ihretwegen all diese Mühe zu machen. Ich habe gezeigt, was es für eine Plage ist, einen guten (männlichen) Freund zu deklinieren; na, das ist nur ein Drittel der Arbeit, denn man muß eine Vielzahl neuer Verdrehungen und Adjektive lernen, wenn das Objekt weiblich ist, und noch eine weitere Vielzahl, wenn das Objekt sächlich ist. [...]

Jedes Substantiv hat ein Geschlecht, und in dessen Verteilung ist kein Sinn und kein System [...]. Im Deutschen hat ein Fräulein kein Geschlecht, während eine weiße Rübe eines hat. Man denke nur, auf welche übertriebene Verehrung der Rübe das deutet und auf welche dickfellige Respektlosigkeit dem Fräulein gegenüber. [...]

Einige deutsche Wörter sind so lang, daß sie eine Perspektive aufweisen. Man beachte folgende Beispiele:

Freundschaftsbezeigungen
Dilettantenaufdringlichkeiten
Stadtverordnetenversammlungen
[...]

Nachdem ich die verschiedenen Untugenden dieser Sprache ausführlich aufgezeigt habe, komme ich nun zu der kurzen und angenehmen Aufgabe, ihre Tugenden aufzuweisen. Die Großschreibung der Substantive habe ich bereits erwähnt. Aber weit vor dieser Tugend kommt noch eine andere – daß ein Wort entsprechend seinem Klang geschrieben wird. [...]

Es gibt einige deutsche Wörter, die ungewöhnlich ausdrucksstark sind. Z.B. diejenigen, die das stille, friedliche und zärtliche Familienleben beschreiben; diejenigen, die sich mit Liebe in jeder Form befassen [...]; und schließlich und hauptsächlich ist die Sprache in denjenigen Worten, die Pathos ausdrücken, unübertrefflich reich und ausdrucksstark. Es gibt deutsche Lieder, die einen mit der Sprache nicht Vertrauten zum Weinen bringen können. Das zeigt, dass der Klang der Worte stimmt – er gibt den Inhalt haargenau wieder; und auf diese Weise wird das Ohr angesprochen und über das Ohr das Herz.

_ Quelle: Mark Twain: Bummel durch Europa. Diogenes, 1990. S. 455 ff.

Aufgaben

1. Welche Bereiche der deutschen Grammatik findet Twain besonders kompliziert? Irrt er an manchen Stellen?

2. Lege eine Tabelle mit so vielen Spalten an, wie du Sprachen beherrschst. In die erste Spalte schreibst du „Deutsch". Suche dir drei Bereiche aus dem Text aus, und halte in der Tabelle kurz die Regeln/Umstände fest, auf die Twain sich bezieht.
   Ziehe dann stichwortartig Vergleiche (mit Beispielen) zu den übrigen Sprachen, die du beherrschst. Hat das Deutsche die komplizierteste Grammatik?

3. Schreibe einen Leserbrief an Twain, und schreibe ihm, was deiner Meinung nach die Vor- und Nachteile des Deutschen sind. Wenn du Deutsch selbst als Zweit-/Fremdsprache gelernt hast, berichte von deinen Erfahrungen.

_ Mark Twain (1835–1910)

Richtig schreiben – warum eigentlich?

Die Bcuhstbaenrehenifloge in eneim Wrot ist eagl

Ncah enier nueen Sutide, die uetnr aerdnem von der Cmabirdge Uinertvisy dührruchgeft wrdoen sien slol, ist es eagl, in wlehcer Rehenifloge Bcuhstbaen in eneim Wrot sethen, Huaptschae, der esrte und ltzete Bcuhstbae snid an der rhcitgien Setlle. Die rsetclhien Bshcuteban kenönn ttoal druchenianedr sien, und man knan es tortzedm onhe Poreblme lseen, wiel das mneschilhce Gherin nhcit jdeen Bcuhstbaen enizlen leist, snodren das Wrot als gnazes. Mti dme Pähonemn bchesfätgein shci mherere Hhcochsluen, acuh die aerichmkianse Uivnäseritt in Ptstbigurh.

_ Quelle: Frankfurter Allgemeine Zeitung, 24.9.2003

Liebe Redackzion der FAZ,

Ieren Artikl zur Buchstahbenreinvolge hahbe ich mitt Intresse gelehsn.
Bitte zihn sih darauhs Konsekwentsn.
Warum müssn wia Schühla jedn Tahk langwailige Rechtschraibunk übn wenn es doch offnsichtlich tohtal egahl ist, wih wia schraibn?
Wia könntn in der Zait vihl sinvollare Sachen, machen, zumm Baispihl das Arbaitn mit dehm Komputa übn. Schprache ist sowiso nich lohgisch.
Können sih sich bitte füa eine Aufhehbunk der blödn Rechtschraibregln einsetzn? Sie ferstehn mich ja auch soh.
Vihln Dank und vihle Grüse

Ia Velicks

An dieser Stelle ein kleiner Hinweis:
Das Entziffern von Wörtern funktioniert nur bei geübten Schreibern und Lesern so gut, und zwar deshalb, weil sie korrekte „Modelle“ von dem gespeichert haben, was da stehen könnte, und blitzschnell einen Abgleich mit den in Frage kommenden Modellen vornehmen!

Aufgabe

Suche dir einen Partner. Stellt euch vor, ihr seid Redakteure der FAZ und erhaltet Felix' Notruf.

a. Welche Gründe fallen euch dafür ein, warum eine verbindliche Rechtschreibung wichtig ist?
b. Seid ihr trotzdem seiner Meinung oder doch eher dagegen?
c. Verfasst gemeinsam einen Antwortbrief an ihn.

Richtig schreiben – aber wie?

Wo schaut man in Deutschland nach, wenn man wissen möchte, wie etwas korrekt geschrieben wird? Richtig: im Duden. Eine Selbstverständlichkeit – warum eigentlich? Und seit wann?

Im Mittelalter hatte die deutsche Sprache begonnen, das Lateinische aus dem Amtsgebrauch zu verdrängen – bloß wusste niemand so recht, wie die deutsche Sprache zu schreiben war ... Beispielsweise schrieben die einen einen langen Vokal wie das „o" in „Rohr" mit einem nachgestellten „i": R-o-i-r, gesprochen „Rohr". Andere wählten ein „e": R-o-e-r, gesprochen „Rohr". Und dann gab es noch das „h": R-o-h-r, gesprochen „Rohr".

Drei Schreibweisen also für ein und dasselbe Wort – und es gab unzählige Beispiele mehr. Da musste Ordnung her.

1855 nahm der preußische Kultusminister die reichsweite einheitliche Rechtschreibung in die Hand. Er berief eine Konferenz ein, die weitreichende Änderungen beschloss, unter anderem die fast gänzliche Abschaffung der Groß- und Kleinschreibung.

Einige Länder wehrten sich gegen die Vorschläge. Daraufhin suchte der Sprachforscher Konrad Duden, Teilnehmer der Konferenz, einen Kompromiss: Er erarbeitete ein „Vollständiges Orthographisches Wörterbuch der Deutschen Sprache" – heute bekannt als „der Duden". In der Staatlichen Rechtschreibkonferenz von 1901 wurden Dudens Regeln dann für verbindlich erklärt.

Das einzige Zugeständnis an die Modernisten: Auf „T" anlautende Wörter wie „That" oder „Thür" verloren das „h", das zuvor immer hinter ein „T" am Wortanfang geschrieben worden war. Der Thron allerdings durfte auf ausdrücklichen Wunsch des Kaisers sein „h" behalten – und hat es bis heute.

Informationen nach: http://einestages.spiegel.de/external/ShowTopicAlbumBackground/a4337/l0/l0/F.html#featuredEntry

Duden von 1891

Aufgaben

1. **Welches sind die kniffligsten Bereiche der deutschen Rechtschreibung? Sammelt diese gemeinsam in der Klasse.**

2. **Wie kommt ein Wort eigentlich in den Duden? Suche dir einen Partner, und findet es heraus. Tipp: Auf der Duden-Homepage findet ihr alle Informationen dazu!**

3. **In Deutschland sagt uns der Duden, wie wir schreiben sollen. Und in anderen Ländern? Beispielsweise in der Türkei, in Russland, in Frankreich oder in England? Bildet Gruppen. Jede Gruppe sucht sich ein Land aus (es muss keines der oben stehenden sein!). In der entsprechenden Gruppe sollte möglichst ein Schüler aus dem entsprechenden Land kommen. Ihr könnt aber auch andere „Landsleute" zu Rate ziehen – z.B. Mitschüler aus anderen Klassen. Recherchiert nun zu folgenden Fragen, und stellt im Anschluss eure Ergebnisse der Klasse vor:**
   a. Gibt es ein verbindliches Werk zur Regelung der Rechtschreibung, eine Art „Duden" also? Was könnt ihr darüber berichten?
   b. Welche Bereiche der Rechtschreibung bereiten Lernenden in dieser Sprache besonders Probleme?

Kapitel 2

Mensch und Sprache

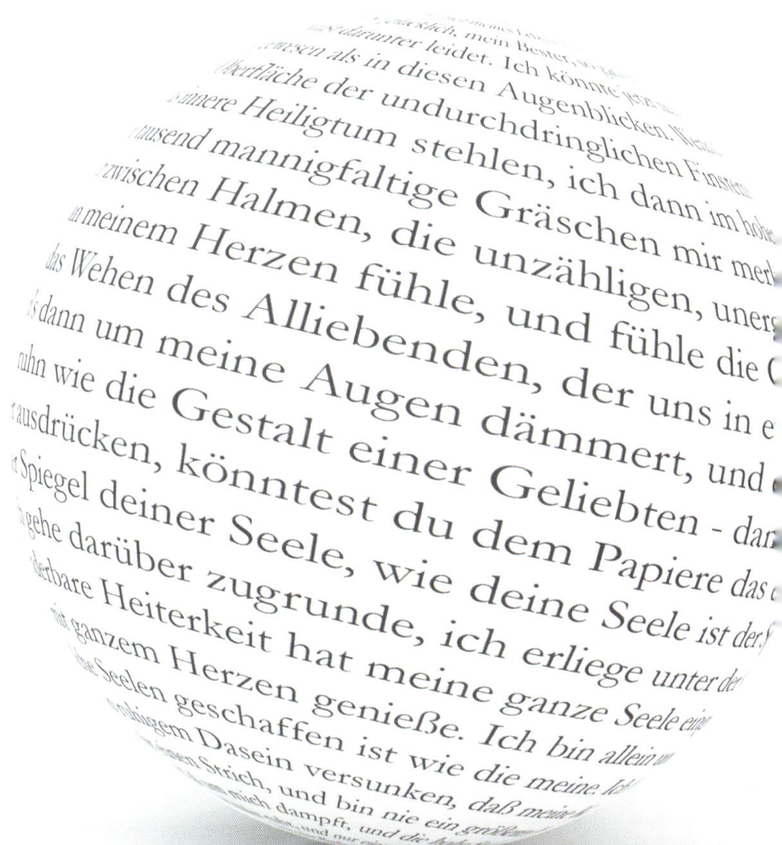

Wie der Mensch zur Sprache kam

Seit jeher suchen die Menschen fieberhaft nach einer Erklärung für das Entstehen der Sprache. Lange glaubte man, sie sei ein Geschenk von Gott, bevor man die ersten wissenschaftlichen Hypothesen wagte.

Die **Aua-Theorie** beispielsweise besagte, Sprache sei aus emotionalen Ausrufen und Schreien hervorgegangen. Vertreter der **Ding-dong-Theorie** meinten, dass jeder sinnliche Eindruck beim Menschen einen charakteristischen Laut im Kopf hervorbringt.

Heute hat man noch immer keine Klarheit in dieser Frage, aber viele Anhaltspunkte. Der wichtigste ist, wie sehr sich der Umfang des menschlichen Gehirns von dem des Affen, unserem sprachlosen Vorfahren, unterscheidet. Das Hirn des Schimpansen weist 400 Kubikzentimeter auf. Vor 1,5 Millionen Jahren lebte der Homo habilis, und von ihm bis zum Homo sapiens, der vor 250000 Jahren erstmals auftrat, hat sich das Gehirn von 680 auf 1300 Kubikzentimeter vergrößert. Seither hat sich nicht mehr viel getan: 100 Kubikzentimeter mehr können wir aufweisen.

Es liegt also nahe, dass sich **mit der Intelligenz des Menschen** in dieser Periode auch die Sprache entwickelte. Aber nur 300 Kubikzentimeter seiner Hirnmasse benötigt der Mensch zur Sprachverarbeitung. Man nimmt darum an, dass sich die Sprache nur sehr langsam mit anderen Entwicklungen vollzog, die das Denkvermögen des Menschen betreffen (wie der immer geschicktere Gebrauch von Werkzeugen). Diese Entwicklungen haben sich wohl gegenseitig unterstützt.

1,5 Millionen Jahre – lässt sich die Sprachentwicklung denn nicht genauer datieren? Doch! Wissenschaftler haben erforscht, wann genau sich der menschliche Stimmtrakt so weit umgebildet hat, dass er die eigentliche menschliche Lautsprache mit den artikulatorischen (= für die Aussprache wichtigen) Anforderungen, die sie heute stellt, erzeugen konnte. Ergebnis: Sie kann sich erst vor zwischen 250 000 und 35 000 Jahren entwickelt haben. Seitdem sind nämlich beispielsweise ein immer gewölbterer Gaumen und eine nach hinten gerundete Zunge nachweisbar.

Aber was trieb die Entwicklung in diesem Zeitraum voran? Auch hier kann man nur spekulieren. Eine Theorie besagt beispielsweise, dass sich die Lautsprache vor allem aus der **Kommunikation zwischen Mutter und Kind** entwickelte. Dafür spricht, dass Frauen heute noch im Durchschnitt sprachbegabter als Männer sind.

_ *Informationen nach: Zimmer, Dieter E.: So kommt der Mensch zur Sprache. Über Spracherwerb, Sprachentstehung, Sprache & Denken. Heyne Verlag, 2008.*

Aufgaben

1. **Überlegt gemeinsam in der Klasse: Welche Vorteile hat der Mensch durch die Sprache erworben?**

2. **Suche dir einen Partner. Stellt euch vor, Sprache sei ein Produkt, das ihr verkaufen solltet, beispielsweise an sprachlose Außerirdische. Suche mit deinem Partner nach einem kurzen, „knackigen" Werbeslogan, der das Tolle an Sprache und die Möglichkeiten, die sie mit sich gebracht hat, hervorhebt. Gestaltet dann einen Flyer oder einen Werbespot, und präsentiert ihn in der Klasse.**

Was wäre der Mensch ohne Sprache?

„Stimmen die Worte und Begriffe nicht, so ist die Sprache konfus. Ist die Sprache konfus, so entstehen Unordnung und Misserfolg. Gibt es Unordnung und Misserfolg, so geraten Anstand und gute Sitten in Verfall. Sind Anstand und gute Sitten in Frage gestellt, so gibt es keine gerechten Strafen mehr. Gibt es keine gerechten Strafen mehr, so weiß das Volk nicht, was es tun und was es lassen soll. Darum muss der Edle die Begriffe und Namen korrekt benutzen und auch richtig danach handeln können. Er geht mit seinen Worten niemals leichtfertig um."

_ Konfuzius (551–479 v. Chr.), chinesischer Philosoph.
Quelle: Gespräche (Lun-Yu), Reclam Verlag, 1998.

„Das Einzige, was sie wissen, ist, dass sie etwas innerlich zerreißt; aber sie wissen nicht, was es ist, und ausdrücken können sie es erst recht nicht. Wenn sie wenigstens sagen könnten, was mit ihnen los ist ... Worte sind wichtig. Sie sind das Einzige, was uns von der Gewalt trennt."

_ Marcelo Figueras (geb. 1962), argentinischer Schriftsteller.
Quelle: Das Lied von Leben und Tod. dtv, 2010. S. 105

„Die Quelle aller Missverständnisse."

_ Antoine de Saint-Exupéry (1900–1944), französischer Flieger u. Schriftsteller.
Quelle: Der kleine Prinz.
Karl Rauch Verlag, 1950. S. 69

„Die Worte tun dem geheimen Sinn nicht gut, es wird immer alles gleich ein wenig anders, wenn man es ausspricht, ein wenig verfälscht, ein wenig närrisch."

_ Hermann Hesse (1877–1962), deutscher Schriftsteller.
Quelle: Siddhartha. Suhrkamp, 1974. S. 116

„Ein Verkehrsmittel; so wie die Eisenbahn die Güter von Leipzig nach Dresden fährt, so transportiert die Sprache die Gedanken von einem Kopf zum anderen."

_ Wilhelm Oswald (1853–1932), deutscher Chemiker, Physiker u. Philosoph.

Aufgaben

1. **Findet gemeinsam Kategorien, nach denen ihr die oben aufgeführten Zitate gruppieren könnt.**

2. **Skizziere in eigenen Worten, was Sprache für den Menschen bedeutet.**

3. **Arbeitet in Kleingruppen. Stellt euch vor, von einem Tag auf den anderen würden die Menschen einer Kleinstadt ihre Sprache vergessen. Die Einwohner wachen morgens auf, und die Sprache ist weg – was nun? Schreibt ein Drehbuch für einen Kurzfilm.**

Kleine Kinder – Sprachgenies

Sprachwissenschaftler gewinnen oft ihre Erkenntnisse, indem sie jede Menge „Sprachmaterial" untersuchen. Teilt euch in Kleingruppen auf. Befragt, beispielsweise in der Fußgängerzone oder auf Spielplätzen, pro Gruppe ca. drei Mütter mit ein- bis 4-jährigen Kindern nach je drei Äußerungen, die ihr Kind (wortwörtlich!) von sich gegeben hat. Notiert diese Äußerungen sowie das Alter des Kindes, als es diese gesagt hat. Tragt eure Ergebnisse dann in der Klasse zusammen.

Wer schon mal eine Fremdsprache gelernt hat, weiß, was alles dazugehört: ein möglichst großer Wortschatz, eine komplette Grammatik, die Aussprache, für die unter anderem Lippen, Zähne, Zunge und Stimmbänder Präzisionsarbeit leisten müssen ... Da hilft nur Pauken!

Aber könnt ihr euch daran erinnern, dass das Erlernen eurer Muttersprache ein solcher Kraftakt war? Das ist doch geradezu automatisch passiert, oder etwa nicht? Wie geschieht das? Diese Frage stellen sich auch die Wissenschaftler. Manche haben auch eine Antwort: durch reine Nachahmung. Doch warum sind dann nur 2 % dessen, was ein 3-Jähriger sagt, direkte Nachahmung? Offenbar lernt das Kind nicht aus Einzelfällen, sondern es lernt die einer Sprache zu Grunde liegenden Regeln. Und Aussagen wie „nehm!", „singte", „Pferds" sind nicht falsch, sondern das Resultat einer Verinnerlichung und Generalisierung. Im Trial-and-error-Verfahren kommt es den richtigen Formen näher.

Folgende Phasen durchläuft ein Kind:

- Einwortäußerungen (ab ca. 1 Jahr): „Auto!", „Haba!" („Ich will das haben!")
- Zwei- und Mehrwortsätze, Verben in Stamm- und Infinitivform am Satzende (im 2. Lebensjahr): „Mama simf." („Mama schimpft"), „Papa schaf." („Papa schläft.")
- Mehrwortsätze, unterschiedliche Verbformen, Flexionsform mit -t (Ende 2. und 3. Lebensjahr): „Hommt da?" („Wer kommt da?"), „Tommi tinkt" („Tommi hat getrunken.")
- Mehrwortsätze, vorwiegend richtig flektierte Verben, fast immer an richtiger Stelle im Satz (ca. 3. Lebensjahr): „Evi hat ein Auto.", „Ich bau ein Turm."
- Mehrwortsätze mit Nebensätzen (4. Lebensjahr): „Papa ist weg, in der Arbeit." „Mama schau, der Hund macht Pipi."

Unmittelbar nach der Geburt beginnen Säuglinge außerdem, ihren Sprechapparat zu trainieren. Zunächst produzieren sie viele Laute – mit ca. zehn Monaten passen sie sie dann ganz klar der Muttersprache an: Ein chinesisches Baby lallt anders als ein deutsches.

Und Kinder „sammeln Wörter", bauen ihr inneres Lexikon aus. Dabei wird zunächst viel über- oder auch untergeneralisiert („Wauwau" für alle Vierbeiner oder nur für Dackel), bis sie immer konkreter werden.

Bis heute rätseln die Forscher, was genau es ist, das all diese Vorgänge begünstigt, und welche Strategien das Kind dabei anwenden kann. Klar ist: Vollkommen unverzichtbar ist der soziale Austausch.

Informationen nach: Achilles, Ilse u. Pighin, Gerda: Vernäht und zugeflixt! Von Versprechern, Flüchen, Dialekten & Co. Duden Verlag, 2008. S. 67–81

Aufgabe

Passen die Informationen des Textes zu den Ergebnissen eurer Umfrage und den Altersangaben der Kinder? Wertet diese nach den fünf im Text genannten Phasen aus.

„Wilde Kinder“ als Forschungsobjekte

Was meint ihr: Was würde passieren, wenn Menschen ohne jeglichen Einfluss von Sprache aufwachsen würden? Würden sie eine eigene Sprache entwickeln – und wie würde diese aussehen? Oder würden sie im wahrsten Sinne des Wortes sprach-los bleiben? Diskutiert darüber.

Die oben stehende Frage hat die Forscher seit jeher fasziniert – und zu teilweise unmenschlichen Experimenten geführt.
Der ägyptische Pharao Psammetich I. ließ im siebten Jahrhundert vor Christus zwei Kinder unter der Aufsicht eines Ziegenhirten aufwachsen, der nicht mit ihnen sprechen durfte. Und das, um herauszufinden, welches die „Ursprache“ des Menschen ist. Nach zwei Jahren, so heißt es, sprach eines der Kinder sein erstes Wort: „bekos“, phrygisch für Brot. Psammetich schloss also daraus, dass Phrygisch die Ursprache sei. Vermutlich hatte das Kind jedoch nur das „bek-bek“ der Ziegen nachgeahmt …

Immer wieder hat es sehr verwahrloste Kinder gegeben, die durch ihre Vernachlässigung nie richtig sprechen gelernt haben. Die einzelnen Fälle werden unter dem pauschalisierenden Namen „wilde Kinder“ zusammengefasst. Ihr Sprachverhalten zu untersuchen, lag für wissbegierige Forscher nahe.

Auch 1970, als das Mädchen Genie, vom Vater jahrelang ohne Ansprache an einen Klosettsitz gefesselt, auftauchte, erhoffte man sich Erkenntnisse über die Voraussetzungen und Bedingungen, unter denen sich Kinder Sprache aneignen. Dies wollte auch die Sprachwissenschaftlerin Susan Curtiss erforschen, die Genie zum Thema ihrer Doktorarbeit machte. Sie verbrachte viel Zeit mit ihr und stellte fest, dass trotz eines großen Bedürfnisses Genies, Wörter zu lernen, und einer offensichtlichen Intelligenz diese nicht in der Lage war, grammatische Lerneffekte zu erzielen und sich anders als bruchstückhaft zu artikulieren. Curtiss begründete das so: Die linke Hirnhälfte, normalerweise zuständig für die Verarbeitung von Sprache (die Genie nie gebraucht hatte), war vollkommen verkümmert, die rechte dagegen, die das Erschließen logischer Zusammenhänge außerhalb der Sprache ermöglicht (und damit für Genie viel wichtiger war), war gut ausgebildet.

Diese Ergebnisse belegen, wovon die Wissenschaft heutzutage ausgeht: Mit etwa zehn Jahren lässt die Fähigkeit des Menschen, eine Sprache schnell und mühelos zu lernen, langsam nach; der Spracherwerb ist nahezu abgeschlossen. Wer bis dahin gar keine Sprache beherrscht, wird wohl auch künftig keine volle Sprachkompetenz aufweisen können.

Informationen nach: www.spiegel.de/wissenschaft/mensch/0,1518,521812-2,00.html

Eines der berühmtesten wilden Kinder, wenn auch fiktiv: Mowgli.

Aufgabe

Curtiss wurde vorgeworfen, Genie zu Wissenschaftszwecken zu missbrauchen. Sie sagt selbst: „Sie hat uns mitgeteilt, was ihr im Kopf herumging und ihr Herz bewegte. Wenn man das bedenkt – was kümmert einen da die Grammatik?“ Verfasse einen Brief an Curtiss, in dem du zu ihrer Arbeit und ihrem Dilemma Stellung nimmst. Wie weit darf und muss die Wissenschaft gehen? Wo hört die Menschlichkeit auf? Weitere Informationen zum Fall findest du hier:
www.spiegel.de/wissenschaft/mensch/0,1518,521812,00.html

Unglaublich viele Wörter im Kopf

Alle tun es jeden Tag, ohne darüber nachzudenken: Menschen verstehen, die sprechen. Und jeder bastelt selbst im Handumdrehen korrekte Sätze aus den unzähligen Wörtern im Kopf.

Aber wie funktioniert das? Wie ist Sprache im Kopf gespeichert? Wie die Wörter inklusive ihrer Bedeutung? Und wie fügen Menschen sprachliche Einheiten zusammen? Wie ruft jemand Bedeutungen ab, wenn er zuhört? Wie können Menschen unter all den Wörtern in ihren Köpfen das passende heraussuchen – oder auch nicht („Es liegt mir auf der Zunge …")?

So genau weiß das niemand. Die Psycholinguistik, die die Sprachfähigkeit des Menschen untersucht, hat den Begriff des „mentalen Lexikons" als den Bereich, in dem das Wissen um sprachliche Einheiten „abgelegt" wird, geprägt.
Es ist ein reines Konstrukt, Aufbau und Funktionsweise lassen sich nur anhand einiger Erscheinungsformen der menschlichen Sprachfähigkeit erahnen. z.B. so:

- Laut- und Buchstabenketten können wir nachweislich lesend oder hörend schneller verarbeiten, wenn sie in unserer Sprache Sinn ergeben. Es scheint, als wären Wörter als „Informationsbündel" gespeichert.
- Diese Bündel umfassen den schriftlichen, den mündlichen, den grammatischen und den inhaltlichen Aspekt. Das Wort „Apfel" wird „A-p-f-e-l" geschrieben; auch, wie es ausgesprochen wird, wissen wir sofort, wenn wir es lesen oder einen Apfel sehen. Dass Apfel ein Nomen ist und eine entsprechende Stellung im Satz einnimmt, mit Artikel daherkommt etc., berücksichtigen wir intuitiv bei der Verwendung. Und außerdem haben wir eine Vorstellung davon, wie ein Apfel aussehen, schmecken, riechen kann etc.
- Wenn wir nach Wörtern suchen, wissen wir oft, wie sie anfangen und enden und wie viele Silben sie haben; nur die „Wortmitte" scheint abhanden gekommen. Das deutet darauf hin, dass die erstgenannten Aspekte bei Speicherung und Suche eine Rolle spielen.
- Oft fällt uns aber auch etwas ein, das eine ähnliche Bedeutung hat. Auch bei Versprechern wird auf Sinnverwandtes zurückgegriffen („der SWR3-Leser – äh, Hörer!"). Offensichtlich wird auch die Bedeutung bei der Struktur der Speicherung des sprachlichen Wissens berücksichtigt.
- Wenn man sich verspricht, vertauscht man Wörter meist nur, wenn sie eine ähnliche grammatisch-syntaktische Position haben. Das heißt, man vertauscht Substantive mit Substantiven, aber nicht mit Verben etc. Unser intuitives diesbezügliches Wissen ist immens.

_ *Informationen nach: Dietrich, Rainer: Psycholinguistik. Verlag J.B. Metzler, 2002.*

Aufgaben

1. **Wählt in der Klasse vier Wörter. Sie können sowohl abstrakt („Zeit") als auch konkret („Apfel") sein, und sie können jeder Wortart angehören. Sammelt gemeinsam alles, was ihr in schriftlicher, lautlicher, grammatikalischer sowie inhaltlicher Hinsicht über diese Wörter wisst.**
2. **Suche dir eines der Wörter aus. Erstelle ein Poster, in dem dieses Wort als Eintrag im „mentalen Lexikon" dargestellt wird: Welche Informationen werden darüber wohl gespeichert? (Zur Darstellung eignet sich z.B. eine Mind-Map.)**
3. **Gleicht eure Vorstellungen ab. Was seht/hört/fühlt … ihr, wenn ihr die Wörter hört? Und was sehen/hören/fühlen … die anderen? Auf welche Bedeutungsaspekte könnt ihr euch einigen? (z.B.: „Ein Apfel ist rund …")**

Wenn die Sprache im Chaos versinkt

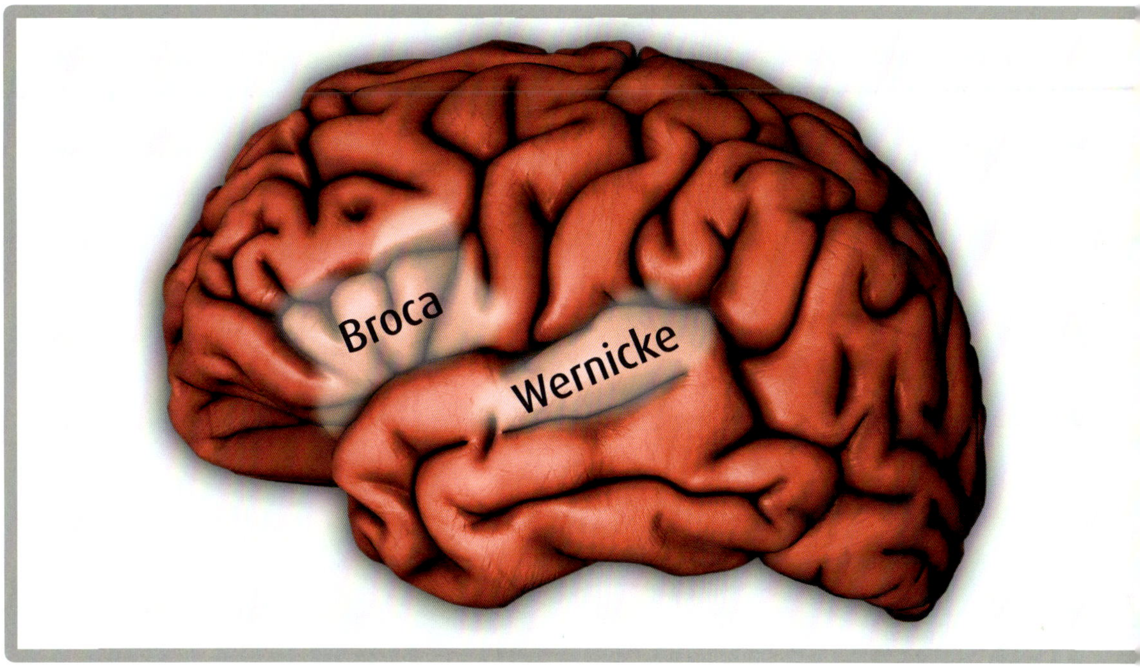

Kritiker bezeichnen die abgebildete Einteilung der Hirnareale allerdings als veraltet; heute geht man von einer viel vernetzteren und dezentraleren Sprachverarbeitung aus.

„Hintendrin – wunderbar", Professor Langhanky, 51, deutet auf seinen Hinterkopf. „Aber vornedrin – Chaos", und er zeigt auf seine Schläfe. Eine Unterbrechung der Sauerstoffversorgung des Hirns bei einem Schlaganfall führte zum Machtverlust über die Sprache, zu einer Aphasie.
Es gibt mehrere Haupttypen dieser Sprachstörung. Die Broca-Aphasie z.B. betrifft das motorische Sprachzentrum im linken Vorderhirn. Die Betroffenen artikulieren nur einzelne Wörter (v.a. Substantive), können nicht lesen und kaum schreiben. Sie sagen z.B. „Hubschrauber" und meinen: „Ein Hubschrauber hat mich ins Krankenhaus gebracht."

Wenn das sensorische Sprachzentrum betroffen ist, kommt es zur so genannten Wernicke-Aphasie. Die Erkrankten sprechen fließend, jedoch ein Kauderwelsch aus unverständlichen Silben und Satzfetzen – z.B. „flascht Seibel" statt „trinkt Bier".

Kein Aphasie-Fall gleicht dem anderen. Lesen, Schreiben, Sprechen und Hören können in unterschiedlichem Ausmaß betroffen sein. Die Rede des Gesprächspartners wird von Aphasikern z.B. zerhackt oder in Zeitlupe wahrgenommen. Manche vergessen, welche Buchstaben welche Laute repräsentieren, und lesen nur, was sie assoziieren (z.B. las in einem Fall ein Aphasiker „Wanzen" statt „Hotel"). Manche schreiben z.B. „forne Binge" statt „ferne Dinge". Auch spielen die sprachlichen Modalitäten nicht mehr zusammen – der Betroffene kann etwas anderes hören, als er sagt, etwas anderes sagen, als er denkt, etc.

Das Weltwissen, das inhaltliche Wissen bleibt jedoch erhalten. Ein Beispiel: Ein Aphasiker weiß, dass heißes und kaltes Wasser aus einem Hahn kommen können. Aber ihm fehlen die Kombinationsregeln der „inneren Sprache", sodass er möglicherweise die Symbole für heiß und kalt verwechselt.

Aphasie ist keine geistige Behinderung. Die Sprache ist gestört, nicht aber Denken und Wissen. Man spricht deshalb auch vom „Kerker der Sprachlosigkeit".

Informationen nach: Geo Wissen Nr 40: Sprache. Gruner & Jahr AG & Co. KG, 2007. S. 118 ff.

Aufgaben

1. **Was meint ihr – warum ist Aphasie für Sprachwissenschaftler so interessant?**

2. **Bildet Kleingruppen. Verfasst eine kurze Informationsbroschüre für Aphasiker und Angehörige. Informiert darin über die Krankheit. Recherchiert im Internet auch zum Thema „Therapiemöglichkeiten" sowie „Umgang mit Aphasikern", z.B. auf der Seite des Bundesverbandes Aphasie.**

Wie macht man eigentlich ein P?

Unentwegt bilden wir zielsicher und ohne nachzudenken die richtigen Laute (in der Fachsprache auch **Phone** genannt) für die Wörter, die wir aussprechen möchten. Aber wie funktioniert das eigentlich?

Beteiligt sind an der **Bildung von Lauten** ganz schön viele Organe, die mehr oder weniger perfekt zusammenspielen müssen.

- Der **Kehlkopf** bildet Töne, und zwar mit Hilfe der Stimmbänder und der Luft aus der Lunge. Angespannte, verkürzte Stimmbänder erzeugen hohe Töne. Entspannte, längere Stimmbänder ergeben die tiefe Lage.
- **Zähne**, **Zunge**, **Gaumen** und **Gesichtsmuskulatur** formen Vokale (die ungehindert klingen können) und Konsonanten (die nur mit Einschränkungen oder gar nicht klingen). Dabei spielt eine große Rolle, was an welcher Stelle im Mund- und Rachenraum geschieht.

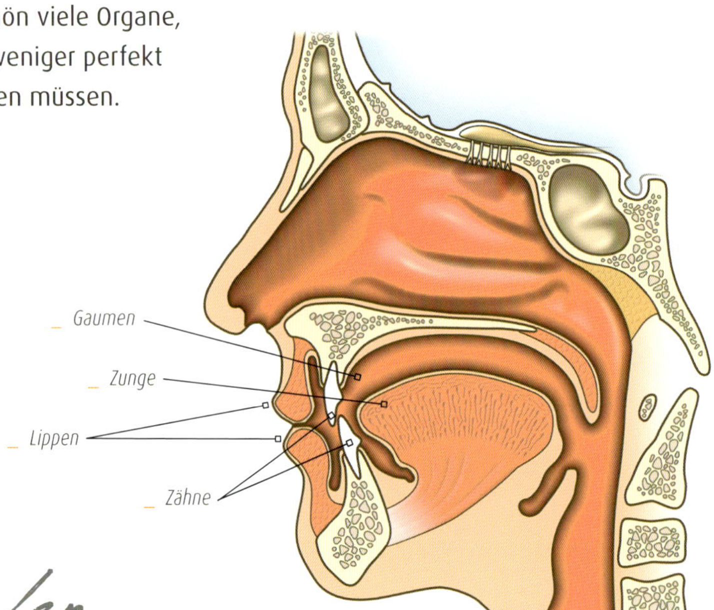

Querschnitt durch Mund- und Nasenhöhle des Menschen

Aufgaben

1. Bildet Kleingruppen. Erstellt eine Tabelle, in die ihr die Laute der deutschen Sprache eintragt. Orientiert euch dabei am Alphabet. Vergesst auch Umlaute und ch (weich wie in „ich" und hart wie in „ach") sowie sch und die verschiedenen s-Laute (stimmhaft wie in „sanft", stimmlos wie in „soft") nicht. Überlegt gemeinsam, wie Zunge, Gaumen/Rachen, Zähne (Ober-/Unterkiefer) und Lippen beim Erzeugen der einzelnen Phone zusammenspielen. Versucht, so genau wie möglich zu beschreiben, wie die Laute erzeugt werden.
   Z.B. so: *„Das W bildet man, indem man die Unterlippe leicht einzieht, die Zähne des Oberkiefers leicht auf die Unterlippe legt, einen Ton bildet und Luft entweichen lässt." Oder: „Das O erzeugt man, indem man einen tiefen Ton bildet und die Lippen ganz rund macht, mit einem kleinen Loch in der Mitte."*
   Bei manchen Lauten ist es relativ einfach, bei anderen werdet ihr vielleicht keine ganz korrekte Beschreibung finden. Experimentiert einfach ein bisschen, sodass ihr ein Gespür für die Vorgänge bei der Sprachbildung bekommt.
2. Beschreibt anschließend der Klasse die Erzeugung eines Lautes, und eure Mitschüler müssen raten, welcher es ist. Ihr könnt als Hilfe dazu sagen, ob es sich um einen Vokal, einen weichen (z.B. d oder b) oder harten (z.B. t oder p), stimmhaften (z.B. m oder w) oder stimmlosen (z.B. k oder z) Konsonanten handelt. Wer den Laut errät, beschreibt den nächsten.
3. Sammelt Laute aus anderen Sprachen, die es im Deutschen nicht gibt (Englisch, Französisch, eurer Muttersprache, falls das nicht Deutsch ist ...), und beschreibt, wie diese gebildet werden.

Sprache und Denken

Wissenschaftler, wie Philosophen, streiten sich gern – auch über Themen, die mit Sprache zu tun haben: Die **Sprachphilosophie** ist ein eigener Bereich innerhalb des Faches.

Heftige Debatten lösen dort z.B. die folgenden Fragen aus:
- ▷ Ist Denken immer ein „inneres Sprechen", wird also alles, was wir denken, automatisch in Worte gefasst?
- ▷ Könnten wir demzufolge nicht denken, wenn wir keine Sprache hätten?

Die Meinungen hierzu bewegen sich zwischen zwei Extremen:
- ▷ Das Denken ist ein Vorgang, der mit Sprache nichts zu tun hat.
- ▷ Das Denken ist ein Vorgang, der ohne Sprache nicht möglich ist.

Denkmal Wilhelm von Humboldts in Berlin

Dem ersten Extrem kommt z.B. der amerikanische Philosoph und Sprachwissenschaftler **Jerry Fodor** (geb. 1935) nahe. Denken, meint er, findet in einer völlig eigenen, „neuronalen" Sprache des Geistes statt.

Dafür spricht einiges:
- ▷ Oft fehlen uns die Worte, um einen bestimmten Gedanken auszudrücken.
- ▷ Wir können z.B. Puzzle zusammensetzen, ohne dass wir Sprache benötigen.
- ▷ Affen können ohne Sprache hervorragende Denkleistungen vollbringen.
- ▷ Wir können z.B. verschiedene Pflanzen gut unterscheiden, ohne ihre Namen zu kennen.
- ▷ Sinneswahrnehmungen, wie Gerüche oder die Konsistenz von Schnee, können sehr eindrücklich sein, ohne dass wir die Worte hätten, sie im Detail zu beschreiben/zu benennen.

Der Gelehrte **Wilhelm von Humboldt** (1767–1835) dagegen tendiert in Richtung des zweiten Extrems, er bezeichnet Sprache als „das bildende Organ der Gedanken". Ebenso der Philosoph **Ludwig Wittgenstein** (1889–1951), der erklärt, dass die Grenzen seiner Sprache die Grenzen seiner Welt seien.

Als Beleg könnten folgende Beispiele dienen:
- ▷ Das Ausformulieren von Ideen/Gedanken verschafft uns mehr Klarheit.
- ▷ In der Sprache Tarahumara gibt es nur ein Wort für Grün und Blau, und tatsächlich haben die Sprecher Schwierigkeiten, unterschiedliche Nuancen bei diesen Farben zu erkennen.
- ▷ Die Pirahã am Amazonas haben nur ein eingeschränktes Vokabular für Zahlen – und können tatsächlich nicht so gut zählen wie andere Menschen.

Die Wahrheit liegt wie immer wohl irgendwo dazwischen: Ja, die Sprache beeinflusst das Denken – aber nur begrenzt.

Informationen nach: www.spektrumdirekt.de/artikel/867091&_z=859070

Aufgaben

1. **Was meinst du: Wie sehr denkst du in Wörtern und Sätzen, also in sprachlichen Strukturen? Und was kann mehr oder weniger ohne Sprache stattfinden? Versuche, für beides Beispiele zu finden. Tauscht euch dann in der Klasse aus.**
2. **Suche dir eine der beiden Positionen aus. Recherchiere im Internet oder in Philosophiebüchern, welche Argumente man noch für diese Position anführen könnte. Setzt euch dann in der Klasse in Gruppen zu den beiden Positionen zusammen. Tauscht zunächst eure Argumente aus. Wählt dann einen Vertreter, der diese in einer Podiumsdiskussion für euch vertreten soll, und führt diese anschließend durch.**

Sprache – Weg zur Wahrheit oder „leere Hülse"?

Viele Dichter und Denker haben sich im Laufe der Jahrhunderte Gedanken über das Wesen der Sprache, ihr Verhältnis zu Gott, zur Realität und zu unserer Wahrnehmung gemacht.

„Nur durch Vergesslichkeit kann der Mensch je dazu kommen zu wähnen, er besitze eine ‚Wahrheit' in dem eben bezeichneten Grade. Wenn er sich nicht mit der Wahrheit in der Form der Tautologie, das heißt mit leeren Hülsen begnügen will, so wird er ewig Illusionen für Wahrheiten einhandeln. Was ist ein Wort? Die Abbildung eines Nervenreizes in Lauten. Von dem Nervenreiz aber weiterzuschließen auf eine Ursache außer uns, ist bereits das Resultat einer falschen und unberechtigten Anwendung des Satzes vom Grunde."

_ Friedrich Nietzsche (1844–1900), deutscher Philosoph

„Die Verschiedenheit der Sprachen ist nicht eine Verschiedenheit an Schällen und Zeichen, sondern eine Verschiedenheit der Weltansichten."

_ Wilhelm von Humboldt (1767–1853), deutscher Gelehrter und Staatsmann

„Versuch eines Beweises, dass die erste Sprache ihren Ursprung nicht von Menschen, sondern vom Schöpfer erhalten hat."

_ Johann Peter Süßmilch (1707–1767), deutscher Pastor und Statistiker

„Der Mensch [kann] kein anderes Wesen als absolutes, als göttliches Wesen denken, ahnen, vorstellen, fühlen, glauben, wollen, lieben und verehren als das menschliche Wesen. [...] Das Bewusstsein Gottes ist nichts anderes als das Bewusstsein der Gattung." „Der Mensch hat nicht nur einen Trieb, eine Notwendigkeit, zu denken, zu sinnen, zu phantasieren; er hat auch den Trieb zu sprechen, seine Gedanken zu äußern, mitzuteilen. Göttlich ist dieser Trieb, göttlich die Macht des Wortes. (...) Das Wort leitet in alle Wahrheit, erschließt alle Geheimnisse, veranschaulicht das Unsichtbare, vergegenwärtigt das Vergangene und Entfernte, verendlicht das Unendliche, verewigt das Zeitliche."

_ Ludwig Feuerbach (1804–1872), deutscher Philosoph und Religionskritiker

Aufgaben

1. **Versuche, die Kernaussagen der oben stehenden Zitate mit eigenen Worten wiederzugeben.**

2. **Kannst du in diesen Zitaten eine Entwicklung in der grundsätzlichen Betrachtungsweise von Sprache erkennen (beachte die Entstehungszeiten)?**

3. **„Im Anfang war das Wort, und das Wort war bei Gott, und Gott war das Wort." – Ihr kennt sicher diesen Anfang des Johannesevangeliums in der Bibel und auch die Geschichte vom Turmbau zu Babel (1. Mose, 11). Diskutiert in der Klasse: Welche Vorstellung von Sprache zeigen diese Geschichten? Wie hat sich das Verhältnis zur Sprache bis heute verändert? (Bezieht dazu auch die Ergebnisse aus den Aufgaben 1 und 2 mit ein.) Hat diese Veränderung etwas mit einem veränderten Blick auf die Gesellschaft zu tun?**

Vernäht und zugeflixt – Versprechen ist menschlich

Sammelt in der Klasse Versprecher, die euch oder Bekannten passiert sind, und notiert sie an der Tafel.

Versprecher gibt es, seit es Sprache gibt. Und auch eine **Wissenschaft vom Versprechen** gibt es schon ziemlich lange, denn diese „Sprechunfälle" können uns eine ganze Menge darüber erzählen, wie Sprache funktioniert. Schwierig ist es jedoch, Beispiele zu beobachten: Kein Mensch verspricht sich auf Bestellung zu Forschungszwecken im Sprachlabor ...

Sigmund Freud (1856–1939): Erfinder des Versprechers?

Viele Sprachwissenschaftler sind heute der Ansicht, dass es sich bei Versprechern vor allem um „Montagefehler" im Kopf beim Wort- und Satzzusammenbau handelt. Diese Fehler lassen sich sechs Kategorien zuordnen:

- **Vertauschungen:** *„Manchmal schlafe ich abends so sehr, dass ich nicht einfrieren kann."* (Die Positionen von „schlafen" und „frieren" wurden vertauscht.)
- **Vorklänge:** *„Stinkspruch"* statt „Trinkspruch": (Das Sp wirft seine Schatten voraus.)
- **Nachklänge:** *„Ich habe ein Hauptgericht und ein Nachgericht bestellt."* (Das Wort „-gericht" wiederholt sich an späterer Stelle); *„Da kommt etwas zum Vorschwein."* (W als Nachklang des V.)
- **Vermischungen:** *„Sei mir nicht übel."* (*„Nimm's mir nicht übel"* und *„Sei mir nicht böse"* wurden vermischt.)
- **Ersetzungen:** *„Hast du die Butter in den Keller getan?"* (Vertauschen von form- oder inhaltähnlichen Wörtern, hier „Kühlschrank" und „Keller" als Lebensmittel-Aufbewahrungsort.)
- **Weglassen eines Lautes:** *„Er arbeitet als Scheißer."* statt „Schweißer"

Dennoch geht man für gewöhnlich beim Sich-Versprechen grammatikalisch ganz korrekt vor. Und wenn der Hörer ein entsprechendes Sprachwissen besitzt, versteht er den Sich-Versprechenden so gut wie immer.

Auch unsere Emotionen haben Einfluss auf das, was wir sagen, jedoch viel seltener als gemeinhin angenommen. Dass jemand sich verplappert, weil er etwas anderes denkt, als er sagen möchte, ist eher selten.

Informationen nach: Achilles, Ilse u. Pighin, Gerda: Vernäht und zugeflixt! Von Versprechern, Flüchen, Dialekten & Co. Duden Verlag, 2008. S. 149–161

Aufgaben

1. **Ordnet eure gesammelten Versprecher den sechs im Text genannten Arten zu.**
2. **Der berühmte Psychologe Sigmund Freud war anderer Ansicht, wie Versprecher zu Stande kommen (du kennst vielleicht die Ausdrücke „Freud'scher Versprecher" oder „Freud'sche Fehlleistung"). Suche dir einen Partner. Findet heraus, welche Theorien er dazu aufgestellt hat. Was meint ihr dazu? Seht euch auch noch einmal eure Versprecher-Sammlung an, um euch eine Meinung zu bilden.**

Ich hab' mich wohl verhört!?

Axel Hacke/Michael Sowa: Der weiße Neger Wumbaba. © Verlag Antje Kunstmann GmbH, München 2004

Kennt ihr das? Jahrelang trällert ihr den vermeintlichen Text eines euch bekannten Liedes mit, nur um irgendwann festzustellen, dass er eigentlich vollkommen anders lautet …
In den letzten Jahren ist der „weiße Neger Wumbaba" zu einiger Berühmtheit gelangt. Das Entscheidende an ihm ist – dass es ihn gar nicht gibt! Er entspringt einem reinen Irrtum, und zwar hatte ein Zuhörer die folgenden Zeilen aus dem „Abendlied" von Matthias Claudius falsch verstanden:

Der Wald steht still und schweiget
Und aus den Wiesen steiget
Der weiße Nebel wunderbar.
Für den Hörer war jedoch der *„weiße Neger Wumbaba"* aus den Wiesen gestiegen.

Solche „Verhörer" sammelte der Journalist Axel Hacke von seinen Lesern, nachdem er wie folgt auf das Phänomen gestoßen war: Seine Frau sang einen Hit von „Hot Chocolate" und gab folgenden Text von sich:
„I believe in knuckels,
since you came along
you sexy thing." …
Er stimmte mit ein:
„I believe in Malcolm …"
Irritiert sahen sie sich an und mussten dann nach einiger Recherche feststellen, dass der Sänger von „Hot Chocolate" weder an einen sexy Malcolm noch an irgendwelche Knöchel glaubte, sondern schlicht und einfach an „miracles", an Wunder.

Unzählige Menschen sandten Hacke nach seinem Aufruf ihre kleinen Geschichten vom Verhören zu.
So wunderte sich ein Junge, dass seine Eltern gerne fröhlich das Lied *„Der Hannes tot"* sangen, obgleich sein Bruder so hieß – dabei war es ja der Hahn, der tot war! Die kleine Marion wunderte sich dagegen über das Gebet, das mit einem Satzzeichen begann:
„Komma Jesus, sei unser Gast"
Eigentlich fängt das Gebet mit einer Einladung an:
„Komm, Herr Jesus, sei unser Gast"

Aber auch modernere (Pop-)Songs bleiben vor „Verhörern" nicht verschont, z.B. das Lied „Pflaster" der Band „Ich + Ich":
Du bist das Pflaster
für meine Seele
Wenn ich mich nachts
im Dunkeln quäle
Es tobt der Hamsta
vor meinem Fenster
In Wirklichkeit tobt aber nicht der „Hamsta", sondern der „Hass da", was gravierendere Folgen haben dürfte …

Informationen teilweise nach: Hacke, Axel und Sowa, Michael: Der weiße Neger Wumbaba. Verlag Antje Kunstmann, 2004.

Aufgaben

1. **Sammelt in der Klasse eure eigenen Verhörer.**
2. **Suche dir dann deinen persönlichen Lieblings-Verhörer heraus, und male ein Bild dazu. (Das Cover des Buches „Der weiße Neger Wumbaba" kann dich inspirieren.)**
3. **Gestaltet aus euren Texten und Bildern gemeinsam ein kleines „Buch vom Verhören".**
4. **Schaue dir auf YouTube® einige Filme der Bloggerin Kathrin Frigge an. (Suche nach „coldmirror misheard lyrics".)**

Kommunikation – tierisch einfach?

Wie kommunizieren eigentlich Tiere? Berichtet euch gegenseitig von euren Beobachtungen.

So wie jedes Volk seine Sprache hat, so entwickelt auch jede Tierart ihr eigenes Kommunikationssystem. Jedes dieser Systeme hat allerdings im Vergleich zu dem des Menschen seine Einschränkungen, beispielsweise kann keines etwas vergegenwärtigen, das vergangen ist.

Das berühmteste Beispiel für die Sprache der Tiere ist sicherlich der „Schwänzeltanz", mit dem Bienen sich untereinander verständigen und den Weg zur nächsten Futterstelle weisen. Heute geht man davon aus, dass der Schwänzeltanz als System längst nicht so detailliert Auskunft geben kann wie ursprünglich angenommen (z.B. nicht genau auf Richtung und Länge verweist), aber zumindest einen Appell bedeutet: „Leute, schwärmt aus, da hinten gibt es irgendwo Futter!" Immerhin ...

Andere Beispiele dagegen sind weniger bekannt: Meerkatzen warnen vor Raubkatzen mit einem Bellen, vor Raubvögeln mit einer Art Husten und vor Schlangen mit einem Quieken. Begabte Singvögel, wie Nachtigallen, beherrschen über 200 verschiedene so genannte „Strophen", und die „Sprachen" der Krähen ebenso wie der Orcas (die knurren, brummen, zirpen, pfeifen, zischen und gurgeln) scheinen Dialekte aufzuweisen, je nachdem, wo sie leben.

Noch interessanter wird es, wenn es um die Kommunikation zwischen Tier und Mensch geht. Intensive Sprachforschung wird in diesem Zusammenhang beispielsweise mit Schimpansen betrieben. Im „Chimpanzee and Human Communication Institute" (CHCI) im Bundesstaat Washington hat man Affen bis zu 240 Zeichen der American Sign Language (Gebärdensprache) beibringen können, und sie konnten sogar das Wort „Trinkfrucht" für Melone oder „Wasservogel" für Schwan erfinden. Selbst syntaktische Unterschiede („Ich kitzele dich."/„Du kitzelst mich.") können sie durchschauen. Außerdem haben Forscher auch ein Sortiment von 384 meist willkürlichen Lexigrammen (grafischen Zeichen) gebildet, mit denen manche Affen virtuos umgehen. Beispielsweise können sie am Computer durchspielen, welche Dinge sie in einem Rucksack mit auf einen Ausflug nehmen wollen.

Tatsache ist aber, dass die auf alle Fälle faszinierende Verständigung zwischen Tier und Mensch immer Grenzen haben wird. Ein Mangel der Tiere an ausgeprägter Grammatik sowie an der Fähigkeit, sich in den Gesprächspartner und seinen Wissensstand hineinzuversetzen, wird wohl stets ein Hindernis darstellen.

Informationen nach: Nützel, Nikolaus: Sprache oder was den Mensch zum Menschen macht. CBJ, 2007. S. 26 ff. und Geo Wissen Nr. 40: Sprache. Gruner & Jahr AG & Co. KG, 2007. S. 94 ff.

Aufgaben

1. **Arbeitet zu zweit. Sucht euch eine der folgenden Aufgaben aus, und stellt eure Ergebnisse der Klasse vor.**
   a. Recherchiert zur Kommunikationsfähigkeit des Gorillas „Koko", beispielsweise auf dessen Website (www.koko.org). Findet auch heraus, welche Kritik an den „Forschungsergebnissen" geübt wurde.
   b. Was hat es mit der Sprachfähigkeit der Papageien auf sich? Wie produzieren sie Wörter, und wie genau wissen sie, was sie da sagen? Recherchiert dazu im Internet (z.B. auf www.geo.de, Suchwort: Papagei und Sprache), und stellt eure Ergebnisse der Klasse vor.
2. **Diskutiert in der Klasse anschließend folgende Fragen: Inwiefern ist der Mensch durch seine Kommunikationsfähigkeit Tieren überlegen? Welche Auswirkungen hat das? Ist Sprache also ein Kriterium dafür, was den Menschen zum Menschen macht?**

© Verlag an der Ruhr | Autorin: Antje Lehbrink | ISBN 978-3-8346-0744-7 | www.verlagruhr.de

Männer und Frauen – Nur ein Wort 1/2

Führt in der Klasse ein kleines Experiment durch: Jeder faltet ein DIN-A4-Blatt einmal längs in der Mitte. Eure Namen schreibt ihr nicht auf das Blatt. Vermerkt aber darauf, ob ihr männlich oder weiblich seid.

Auf die linke Seite schreibt ihr: Worüber ich mit meinem Partner spreche/gerne sprechen möchte. (Welche Themen mir wichtig sind.)

Auf die rechte Seite schreibt ihr: Worüber ich mit meinen Freunden spreche. (Welche Themen mir wichtig sind.)

Füllt dann beide Spalten aus, und gebt die Blätter eurem Lehrer.

Wir sind Helden: Nur ein Wort

Ich sehe, dass du denkst
Ich denke, dass du fühlst
Ich fühle, dass du willst
Aber ich hör dich nicht ich

Hab mir ein Wörterbuch geliehen
Dir A bis Z ins Ohr geschrieen
Ich stapel tausend wirre Worte auf,
Die dich am Ärmel ziehen

Und wo du hingehen willst
Ich häng an deinen Beinen
Wenn du schon auf den Mund fallen musst
Warum dann nicht auf meinen

Oh bitte gib mir nur ein Wort
Bitte gib mir nur ein Oh
Bitte gib mir nur ein
Bitte bitte gib mir nur ein Wort

Es ist verrückt wie schön du schweigst
Wie du dein hübsches Köpfchen neigst
Und so der ganzen lauten Welt und mir
Die kalte Schulter zeigst

Dein Schweigen ist dein Zelt
Du stellst es mitten in die Welt
Spannst die Schnüre und staunst stumm wenn
Nachts ein Mädchen drüber fällt

Zu deinen Füßen red ich mich
Um Kopf und Kragen
Ich will in deine tiefen Wasser
Große Wellen schlagen

Oh bitte gib mir nur ein Wort ...

In meinem Blut werfen
Die Endorphine Blasen
Wenn hinter deinen stillen
Hasenaugen die Gedanken rasen

Oh, bitte ...

Männer und Frauen – Nur ein Wort 2/2

Die Neuropsychologin Louann Brizendine fand vor kurzem heraus, dass das weibliche Gehirn weitaus mehr Kommunikationszellen besitzt als das männliche. Sie sagt: „Frauen haben einen achtspurigen Highway, um ihre Gefühle auszudrücken, Männer nur eine Landstraße."

Unter diesen genetischen Vorbedingungen ist es eigentlich ausgeschlossen, dass Männer und Frauen sich auch nur ansatzweise verstehen. Aber allen wissenschaftlichen Erkenntnissen zum Trotz wollen Frauen weiterhin mit Männern zusammenleben, obwohl sie sich eigentlich viel besser mit einem Lemuren oder einem Zebra verständigen könnten. Weil Zebras nie ihre Unterhosen herumliegen lassen und in Savannenkreisen als sehr einfühlsame Zuhörer gelten. Viele verständigungsgestörte Beziehungen enden vor dem Scheidungsrichter oder der Scheidungsrichterin.

Hans Zippert. Quelle: www.geo.de/GEO/kultur/gesellschaft/55496.html?p=1

Aufgaben

1. Was haben der Liedtext „Nur ein Wort" der Band „Wir sind Helden" und der Ausschnitt aus einem (natürlich augenzwinkernd verfassten) Zeitungsartikel gemeinsam?
2. Einer von euch liest nun abwechselnd jeweils ein für die Einstiegsaufgabe ausgefülltes Blatt eines Jungen und eins eines Mädchens vor. Was fällt euch auf? Gibt es große Unterschiede in dem, was die Mädchen und was die Jungen geschrieben haben? Wenn ja: Worin bestehen sie? Was meint ihr, wird es bei den jeweiligen Wünschen tendenziell Kommunikationsprobleme in einer Beziehung geben?
3. Bestätigen die Ergebnisse eures Experiments das, was die Texte wiedergeben – oder kommt ihr zu anderen Schlüssen?

Kapitel 3

Man spricht Deutsch

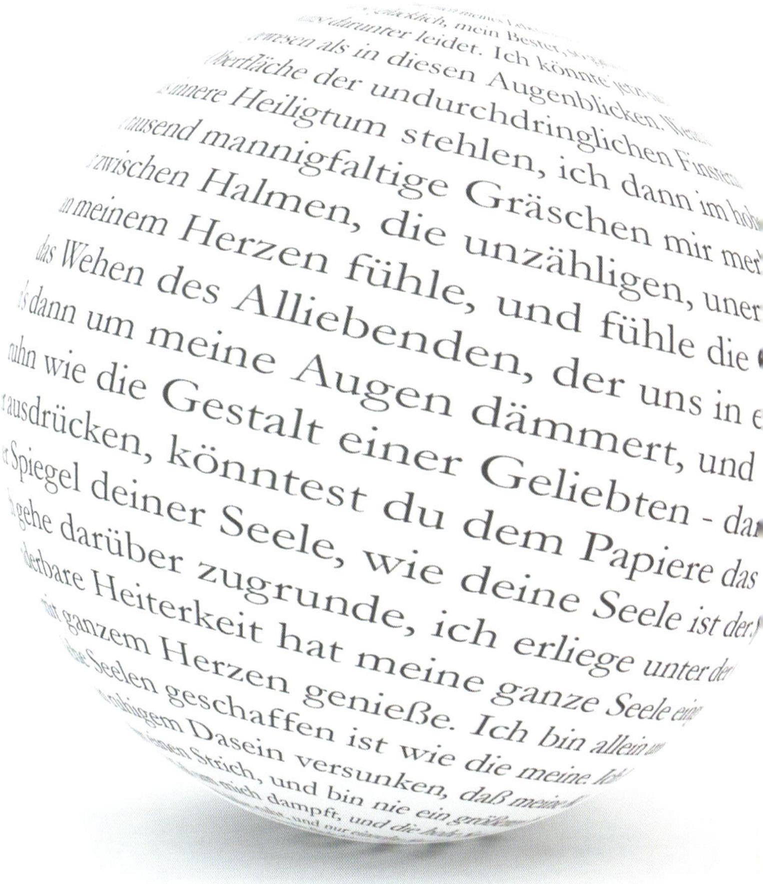

Wie kommt das Deutsche eigentlich zu Stande? 1/3

Vom Mythos „Indogermanisch“

In der ersten Hälfte des 19. Jahrhunderts stellte man durch systematische Vergleiche fest, dass fast alle europäischen Sprachen, das Deutsche einschließend, sowie einige Sprachen in Vorderasien erhebliche **Übereinstimmungen in Wortschatz und Wortformen** (das betrifft auch Flexion und Wortarten) aufweisen. Man schloss daraus, dass es eine gemeinsame Ursprache gegeben haben muss: das **Indogermanische**, benannt nach dem südlichsten (Indisch) und dem nördlichsten Sprachzweig (Germanisch). Lange ging man davon aus, dass diese Sprache tatsächlich von einem Urvolk gesprochen wurde, vielleicht so um 5000 v. Chr.

Man versuchte immer wieder, sie zu rekonstruieren, vor allem basierend auf Sanskrit, Latein, Altpersisch und Griechisch. Heute stellt man sich mangels schriftlicher Belege nicht mehr ein einheitliches Urvolk, sondern einen lockeren **Stammesverband**, evtl. mit verschiedenen Mundarten, vor. Was wiederum davor war, lässt sich seriös nicht nachverfolgen.

Beginn des Vaterunsers im Germanischen (Gotischen):

Atta unsar þu in himinam, weihnai namo þein. qimai þiudinassus þeins, wairþai wilja þein, swe in himina jah ana airþai. hlaif unsarana þana sinteinan gif uns himma daga.

Die indogermanischen Sprachen sind zu sehr unterschiedlichen Zeitpunkten **erstmals schriftlich belegt**, das Hethitische beispielsweise ab dem 18./17. Jahrhundert v. Chr., das Baltische dagegen erst im 14. Jahrhundert n. Chr.

Aus dem Indogermanischen ging dann neben anderen Sprachen, wie dem Romanischen, aus dem sich das Französische oder das Spanische entwickelte, das **Germanische** hervor. Es unterscheidet sich beispielsweise durch Festlegung der Betonung auf die erste Silbe eines Wortes vom Indogermanischen. Das West-, Ost- und Nordgermanische unterteilen sich weiter, das Westgermanische u.a. ins Deutsche, Englische und Niederländische.

Informationen nach: Ernst, Peter: Deutsche Sprachgeschichte. Eine Einführung in die diachrone Sprachwissenschaft des Deutschen. UTB, 2005.

Aufgaben

1. **Zeichne anhand der Informationen im Text einen „Sprachenstammbaum“.**

2. **Das heutige Vaterunser, also die „Übersetzung“ des oben stehenden Textes, werden viele von euch kennen. Sieh ihn dir daraufhin genau an. Welches Wort bedeutet wohl was? Was kommt dir bekannt vor? Was ist ganz anders als im heutigen Deutsch?**

3. **Sprache kann sich aus vielen Gründen ändern, z.B. weil die Artikulation einer bestimmten Lautkombination bequemer ist als eine andere oder durch fremdsprachliche Einflüsse. Stelle Vermutungen an: Welche Gründe kann Sprachwandel noch haben?**

4. **Suche dir einen Partner. Findet mit Hilfe eines Lexikons oder des Internets heraus, wer August Schleicher war und welche Rolle er für die Erforschung des Indogermanischen gespielt hat. Stellt euch vor, im Jahr 1867 wäre ein Preis „Wissenschaftler des Jahres“ ausgeschrieben. Verfasst ein Schreiben, in dem ihr ihn dafür empfehlt. Begründet eure „Nominierung“.**

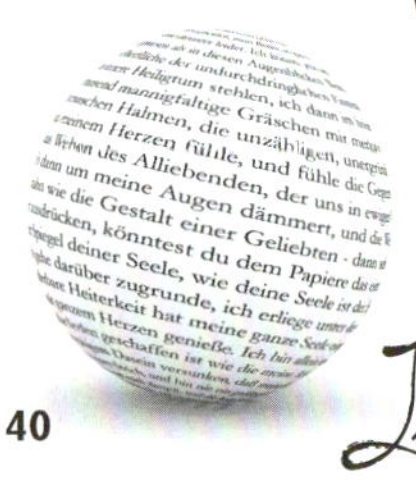

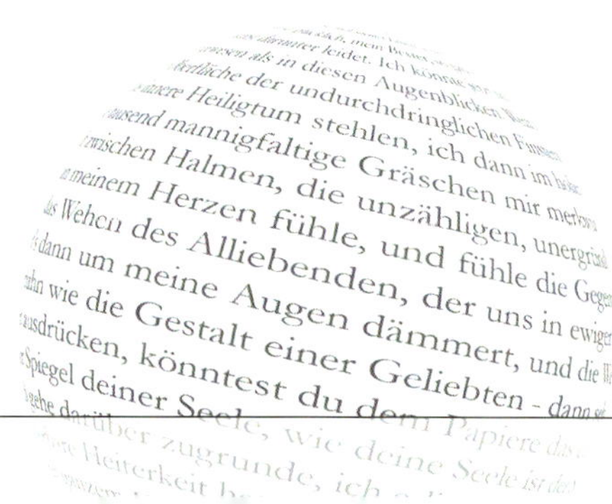

Wie kommt das Deutsche eigentlich zu Stande? 2/3

Laute im Wandel – Althochdeutsch

Ungefähr 600–700 n. Chr. bildete sich, wahrscheinlich aus verschiedenen germanischen Dialekten, das Althochdeutsche heraus. „Alt" wegen des zeitlichen Rahmens, „hoch" bezeichnet im Gegensatz zum Niederdeutschen den regionalen Rahmen, und zwar südlich der Sprachgrenze „Benrather Linie", die über Eupen, Aachen, Düsseldorf(-Benrath), Olpe, Aschersleben, Berlin, Frankfurt an der Oder verläuft. Hier veränderten sich einige Laute (sowohl Vokale als auch Konsonanten), die im Norden beim Alten blieben. So wurde westgermanisch b, d, g zu p, t, k oder westgermanisch au je nach lautlicher Umgebung zu o oder ou. Die Ursachen dieser Lautverschiebung/dieses Lautwandels sind nach wie vor unklar.

Das Althochdeutsche umfasste verschiedene Dialekte: das Oberdeutsche mit dem Bairischen und Alemannischen, das Ostfränkische, das Mitteldeutsche mit dem Südrhein-, Rhein- und Mittelfränkischen.

Irische und angelsächsische Mönche sorgten mit ihrer Missionierung im germanischen Raum für die Beschäftigung mit der Heiligen Schrift und das Anwachsen des christlichen Schrifttums. Sie förderten damit auch die Verbreitung einheitlicherer Sprachen bzw. Dialekte. Es bürgerten sich zudem zahlreiche lateinische Lehnwörter, wie „Zelle", „Kloster" oder „Münster" ein.

Informationen nach: Ernst, Peter: Deutsche Sprachgeschichte. Eine Einführung in die diachrone Sprachwissenschaft des Deutschen. UTB, 2005.

Beginn des althochdeutschen Vaterunsers:

Fatēr unser, thu in himilom bist, giuuīhit si namo thīn. quaeme richi thīn. uuerdhe uuilleo thīn, sama sō in himile endi in erthu. Broot unseraz emezzigaz gib uns hiutu.

Der Begriff „deutsch"

Das Adjektiv „deutsch" ist erstmals belegt in der lateinischen Form „theodiscus". Es bedeutet „zum Volk gehörig", „dem Volk eigen". Die althochdeutsche Form hieß „diutisk", verwandt mit „diot", „Volk". Es bezeichnete die Sprache, die im Gegensatz zum Latein der Gelehrten vom Volk gesprochen wurde. Karl der Große (748–814) förderte den Ausdruck, sodass er immer weiter verbreitet wurde. Im Mittelhochdeutschen, also in etwa ab dem 11. Jahrhundert, wurde er dann schon wie heute angewandt.

Aufgaben

1. **Vergleiche den Beginn des Vaterunsers mit dem Indogermanischen auf S. 40 und mit dem heutigen Gebetstext. Achte auf Buchstaben/Laute, Wörter, Satzstellung etc.**

2. **Suche dir einen Partner. Denkt euch einen Lautwandel aus, der sich auf einige Vokale/Diphthonge und einige Konsonanten bezieht (nicht zu viele!). Die Regeln können auch lautliche Umgebungen beinhalten (verhält sich ein Vokal beispielsweise vor m und n anders als vor ch und sch?). Ihr könnt auch grammatische Veränderungen einführen, z.B.:** *Das Verb steht immer am Ende.* **Verfasst einen Text, und gebt ihn an eure Mitschüler weiter. Finden sie die Regeln eures Lautwandels heraus, und können sie den Text übersetzen?**

3. **Arbeitet in Kleingruppen. Recherchiert, z.B. mit Hilfe eines Lexikons oder des Internets, was die „Merseburger Zaubersprüche" sind, und fasst die wichtigsten/interessantesten Informationen auf einem Plakat zusammen.**

Wie kommt das Deutsche eigentlich zu Stande? 3/3

Laute im Wandel – Mittelhochdeutsch

Das Mittelhochdeutsche wurde etwa von 1050 bis 1350 gesprochen bzw. geschrieben. Maßgeblich an der Sprachentwicklung beteiligt waren gesellschaftliche Entwicklungen: das Entstehen der höfischen Ritterkultur, die Kolonialisierung östlicher Regionen und das Aufkommen der Städte. Auch jetzt gab es mehrere Sprachregionen (Ostmitteldeutsch und Westmitteldeutsch), die sich wiederum in einzelne Dialekte gliederten. Ein sprachliches Zentrum, vergleichbar mit London oder Paris, fehlte im deutschen Raum.

Während es zu Beginn dieser Ära noch überwiegend religiöse Schriften und Chroniken gab, nahmen die weltlichen Inhalte, oft Auftragsarbeiten für Adelige, im Hochmittelalter zu: Zum einen entstanden Ritterromane, wie z.B. das bekannte Nibelungenlied und verschiedene Romane aus dem Umkreis der König-Artus-Sage, zum anderen Liedersammlungen, in denen Minnelieder (= Liebesgedichte), aber auch Kreuzzugsgedichte, didaktische oder religiöse Lyrik aufgezeichnet wurden.

Einige der sprachlichen Änderungen, die das Mittelhochdeutsche vom Althochdeutschen abgrenzt, sind die folgenden:

- Alle althochdeutschen Neben- oder Endsilben wurden zu e abgeschwächt: ahd. Salbôn wird zu salben, ahd. Musi zu miuse (Mäuse).
- B,d,g,v werden am Wortende verhärtet zu p,t,k,f; im Genitiv bleiben sie weich (liep, aber liebes (lieb); rat, aber rades (Rad))

Die mittelhochdeutsche Dichtersprache weist viele Fremdwörter aus dem Französischen sowie dem Niederländischen auf. Dort war die höfische Kultur bereits früher ausgeprägt, sodass sie von hier Einfluss auf das Deutsche nahm. Beispielsweise kommt der „Ritter" vom niederländischen „riddere" und das wohl vom altfranzösischen „chevalier".

Das mittelhochdeutsche Vaterunser:

Got vater unser, dâ du bist in dem himelrîche gewaltic alles des dir ist, geheiliget sô werde dîn nam, zuo müeze uns komen daz rîche dîn. Dîn wille werde dem gelîch Hie ûf der erde als in den himeln, des gewer unsich, nu gip uns unser tegelîch brot.

Informationen nach: Ernst, Peter: Deutsche Sprachgeschichte. Eine Einführung in die diachrone Sprachwissenschaft des Deutschen. UTB, 2005.

Aufgaben

1. **Vergleiche den Beginn des Vaterunsers mit den Vorstufen (S. 40/41) und mit dem heutigen Gebetstext. Achte auf Buchstaben/Laute, Wörter, Satzstellung etc.**
2. **Arbeitet in fünf Kleingruppen. Sucht euch jeweils ein mittelhochdeutsches Werk aus: Gottfried von Straßburg:** *Tristan und Isolde*, **Hartmann von Aue:** *Iwein*, **Wolfram von Eschenbach:** *Parzival*, **das** *Nibelungenlied* **sowie die** *Große Heidelberger Liederhandschrift*. **Recherchiert zu diesen Werken im Internet, in Lexika oder in Deutschbüchern. Erstellt jeweils eine PowerPoint-Präsentation, in der ihr auf den Inhalt, die Entstehungs- und Überlieferungsgeschichte und den Einfluss auf die moderne Literatur, den Film usw. eingeht. Ergänzt eure Texte um Bilder und ggf. Beispiele. Wenn ihr besonders mutig seid, könnt ihr versuchen, eine moderne Fassung von einem Teil des Werkes zu verfassen.**

Der deutsche Wortschatz

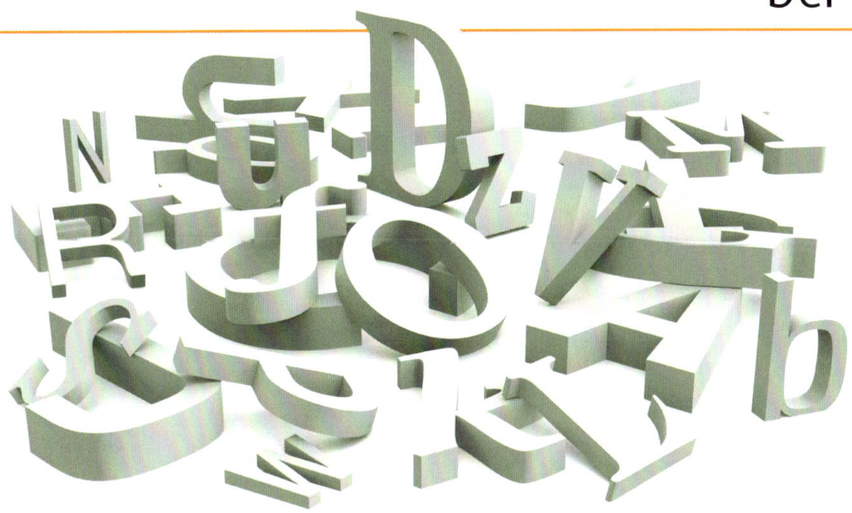

Habt ihr euch schon mal überlegt, woher all die Wörter kommen, mit denen wir täglich jonglieren? 135 000 deutsche Wörter verzeichnet allein der Duden! Dabei handelt es sich um ein buntes Sammelsurium mit ganz unterschiedlichen **Entstehungsgeschichten**.

Aufgaben

1. **Arbeite mit einem Partner. Wählt beliebige Sätze aus eurem Deutschbuch, einer Zeitung, einem Magazin ..., und sucht nach Wörtern, die auf eine der beschriebenen Weisen entstanden sein könnten. Nehmt ein Herkunftswörterbuch zu Hilfe, und stellt eure Ergebnisse der Klasse vor. Geht dabei auf die ursprüngliche Bedeutung und das ungefähre Alter der Wörter ein.**

2. **Recherchiere in einem Namenslexikon oder im Internet zur Geschichte deines Vor- und Nachnamens. Teile ein Blatt längs in der Mitte.**
   - **a.** Trage auf der linken Seite ein, was du über Herkunft, Bedeutung und ungefähres Alter des Namens herausfinden kannst.
   - **b.** Schreibe auf der rechten Seite einen kurzen Text dazu, inwieweit der Name zu dir passt und etwas mit dir zu tun hat.
   - **c.** Heftet alle Blätter der Klasse in alphabetischer Reihenfolge zusammen. So erstellt ihr eine Art eigenes Namenlexikon.

Wörter im Allgemeinen können auf vier verschiedene Weisen entstehen:

▷ **Wortbildung:** Mit Hilfe von vorhandenen Wörtern, Vor- und Nachsilben bildet ihr ständig neue Wörter – oft, ohne überhaupt zu merken, dass ihr gerade ein Wort ausgesprochen habt, das ihr vielleicht noch nie vorher gehört habt. Häufig ändert sich dabei die Wortart. Ihr macht etwas schön? Ihr verschönert es! Ihr fangt einen Fisch? Ihr fischt. Wie heißt wohl ein Hase ohne Ohren? Keinohrhase!? Und sein Fell? Ganz klar: das Keinohrhasenfell! So kann man das Wortbilden im Deutschen, einer sehr produktiven Sprache, immer weiter treiben.

▷ **Entlehnung** findet statt, wenn Sprachmaterial aus einer Herkunfts- in eine andere Sprache übernommen wird. Meistens sind das ganze Wörter (der „Crash" – aus dem Englischen, der „Kiosk" – ganz ursprünglich aus dem Türkischen bzw. dem Persischen, die „Steppe" – aus dem Russischen). Es kann sich aber auch um Vor- und Nachsilben (-abel, prä-, post-) oder um Wortstämme handeln (ident-, öko-).

▷ **Bedeutungsveränderung:** Dieser Prozess findet wie die Wortbildung innerhalb einer Sprache statt. Die Bedeutung kann sich im Laufe der Zeit erweitern (z.B. hieß „packen" früher „etwas bündeln", heute heißt es auch „etwas anfassen, ergreifen"), verengen (mittelhochdeutsch „varn" hieß allgemein „sich fortbewegen, gehen"; das heutige „fahren" ist auf die Bewegung in einem Fortbewegungsmittel eingeschränkt), verschieben (früher hieß der Nagel „zwec" wie heute noch in „Reißzwecke", die Bedeutung hat sich auf den heutigen „Zweck" verschoben), auf- oder abgewertet („Dirne" = „Mädchen" zu „Dirne" = „Prostituierte") oder übertragen werden („Du bist ja ein Fuchs" heißt auch: „Du bist ein cleverer Mensch").

▷ Die **Urschöpfung** ist ein seltener Vorgang. Hier werden Laute wirklich in eine vollkommen neue, sinntragende Kombination gebracht. Meist handelt es sich um Onomatopoetika (= Lautmalereien: „miauen") oder um Interjektionen (= Ausrufe: „igitt", „aua").

_ *Informationen nach: Donalies, Elke: Die Wortbildung des Deutschen. Gunter Narr Verlag, 2005.*

Wie der Hund in die Pfanne kam

Sprache lebt. Sprache hat immer eine lange Geschichte hinter sich. Sprache ist ein Fluss, in den viele Dinge ganz zufällig hineingefallen sind – die bis heute in ihm treiben. Das beste Beispiel sind zahlreiche Redensarten, die wir verwenden.

Habt ihr euch beispielsweise schon mal gefragt, warum „der Hund in der Pfanne verrückt wird", wenn etwas besonders Erstaunliches/Entrüstendes passiert ist?

Ihren Ursprung hat diese Redensart in einer Geschichte über Till Eulenspiegel, den Narren und Gaukler, über den erstmals im Jahr 1510 ein Buch veröffentlicht wurde. Till, so heißt es, arbeitete als Brauknecht, als sein Arbeitgeber ihn anwies, den Hopfen sorgfältig und so gut er könne zu sieden. Till wollte dem Mann einen Streich spielen und warf dessen Hund Hopf in die Pfanne, nur um bei der Wiederkehr des Meisters arglos zu erklären, er habe nur das getan, wozu man ihn angewiesen habe ...

_ *Informationen nach: www.br-online.de*

Aufgabe

Habt ihr euch schon mal gefragt, warum ...

a) ein besonders cleverer Mensch mit allen Wassern gewaschen ist,
b) Geld nicht stinkt,
c) man jemandem etwas vom Pferd erzählt,
d) man Geld auf die hohe Kante legt?

▷ **Teilt jedem Schüler in der Klasse einen Buchstaben (a bis d), d.h. eine Redewendung, zu. Jeder verfasst nun für sich auf einem DIN-A4-Blatt eine möglichst überzeugende Erklärung dafür, wie diese Redensart zu Stande kam. Schreibt euren Namen darunter. Ihr könnt dabei alle historischen oder literarischen Register ziehen und Könige, Fabeln etc. für eure Erklärung bemühen.**

▷ **Einer von euch (oder der Lehrer) ist nun der Spielleiter. Er sammelt eure Erklärungen ein, sortiert sie, und mischt die richtigen Antworten, die er auf je ein Blatt übertragen hat, darunter. Alle Antworten werden durchnummeriert.**
Anschließend liest der Spielleiter jeweils alle möglichen Antworten (ohne die Namen der Verfasser!) vor. Nun schreibt ihr auf einen Zettel für jede Redensart (a bis d) die Nummer der Antwort, die ihr für die richtige haltet, und euren Namen. Der Spielleiter sammelt diese Zettel wiederum ein.

▷ **Für jeden Mitschüler, der auf eure Antwort gesetzt hat, erhaltet ihr nun einen Punkt. Wenn ihr selbst auf die richtige Antwort getippt habt, erhaltet ihr zusätzlich zwei Punkte.**

▷ **Wer hat am Ende des Spiels gewonnen? Vergesst nicht, am Schluss die Auflösung bekannt zu geben!**

Wörter leben auf – Wörter sterben aus

„Wörter werden geboren. Sie welken, und sie sterben", so schreibt der Autor Otto Violan in seinem Buch „Quell der Sprache". Viele Wörter werden einfach zu Tode geschwiegen – genaue Zahlen kennt niemand, nicht einmal die Worthistoriker können das Ausmaß ermessen. Sie haben auch keine objektiven Kriterien. Entsteht der Verdacht, dass ein Wort dabei ist, zu veralten, so gerät es unter Beobachtung – und den Stempel „veraltet" erhält es, wenn es im Internet und in elektronisch erfassten Zeitungen und Zeitschriften kaum mehr vorkommt. Kommt es gar nicht mehr vor, so wird es aus den zeitgenössischen Wörterbüchern entfernt.

Hier sind zwei von ihnen:

ablappen. Umgangssprachlich für Ohrfeigen bzw. ziehen an den Ohren. Gängige Praxis im deutschen Schulwesen zu Zeiten von Wilhelm Busch. Die Züchtigung, insbesondere die Ohrfeige, war noch bis in die 1950er-Jahre hinein ein legales und probates Mittel an bayerischen Schulen. Heute ahndet das Strafgesetzbuch die Kulturpraxis des Ablappens, und folglich hat sich das diesbezügliche Verb ins Zwielicht verflüchtigt.

Backfisch. In den 1950er Jahren aufgekommene Bezeichnung für ein halbwüchsiges Mädchen. Ursprünglich stammt das Wort aus dem „Anglerlatein" der britischen Inseln: Ein backfish ist dort ein Fisch, den der Fischer aus dem Netz wieder zurück ins Meer wirft, weil er zu jung oder zu mager zum Essen ist. Seit den späten 1950-Jahren werden Jugendliche, die weder Fleisch noch Fisch, also nicht mehr Kind und noch nicht erwachsen sind, geschlechterübergreifend Teenager genannt. Backfisch gibt es nur noch in Stäbchenform in der Tiefkühltruhe.

Quelle: Mrozek, Bodo: Lexikon der bedrohten Wörter. Rowohlt, 2005. S. 14 und 30

Sterbende Schönheiten

Aufgaben

1. Welche Gründe kann es dafür geben, dass Wörter aussterben? Diskutiert in der Klasse. Seht euch dazu auch die Beispiele an.

2. Befragt alte Menschen, z.B. eure Großeltern, nach Wörtern, die ihnen noch geläufig sind, die heute jedoch kaum noch oder gar nicht mehr verwendet werden. Sammelt sie in der Klasse.

3. Bildet nun Kleingruppen. Jede Gruppe sucht sich eines der Wörter heraus. Eure Aufgabe ist es, diesem Wort ein Denkmal zu schaffen: In Form einer Skulptur, eines Gedichtes, eines Bildes ... Wenn euer Wort im Denkmal selbst gar nicht vorkommt, könnt ihr eure Klassenkameraden später raten lassen, um welches Wort es sich handelt.

Sprachwandel heute – Denglisch

Der „Verein Deutsche Sprache e.V." hat es sich zur Zielsetzung gemacht, der „Anglisierung der deutschen Sprache" entgegenzutreten. **„Denglisch"** heißt dieses Phänomen, vom Duden definiert als: „Abwertend für deutsch mit (zu) vielen englischen Ausdrücken vermischt."

Auf der Leitseite (bloß nicht Homepage!) des Vereins ist zu lesen:

„Die deutsche Sprache wird zur Zeit von einer Unzahl unnötiger und unschöner englischer Ausdrücke überflutet. Die Werbung bietet hits for kids oder Jogurt mit weekend feeling. Im Fernsehen gibt es den Kiddie Contest, History, Adventure oder History Specials und im Radio Romantic Dreams. Wir stählen unseren Körper mit body shaping und power walking. (...) Manche Leute finden das cool. Andere – die Mehrheit der Menschen in Deutschland – ärgern sich über die überflüssigen englischen Brocken und sehen darin eine verächtliche Behandlung der deutschen Sprache. Es ist in der Tat albern – und würdelos! –, Wörter wie Leibwächter, Karte, Fahrrad, Nachrichten oder Weihnachten durch body guard, card, bike, news oder X-mas zu ersetzen."

Und weiter: „Dabei verfolgen wir keine engstirnigen nationalistischen Ziele. (...) Gegen fair, Interview, Trainer, Doping, Slang haben wir nichts einzuwenden. Prahlwörter wie event, highlight, shooting star, outfit, mit denen gewöhnliche Dinge zur großartigen Sache hochgejubelt werden, lehnen wir ab. Dieses „Imponiergefasel" grenzt viele Mitbürger aus, die über keine oder nur eingeschränkte Englischkenntnisse verfügen."

Besonderen Anstoß erregen englische Wörter, die deutsch gebeugt werden: „gecancelt", „spacig" oder „durchdesignt".

_ *Quelle: www.vds-ev.de/denglisch*

Am „Denglisch" scheiden sich die Geister. Rapper Jan Delay sieht das alles recht locker. Englische Wörter in seinen Texten? „Warum nicht? In der Fernsehwerbung ist jedes dritte Wort ein Anglizismus. Und so was wie „style" lässt sich eben nicht mit „Stil" übersetzen, „style" meint mehr, Haltung eben. Ich texte, wie die Menschen auf der Straße sprechen."

_ *Quelle: http://sz-magazin.sueddeutsche.de/texte/anzeigen/29981/3/1*

Nicht zu vernachlässigen ist auch der Aspekt der Globalisierung, mit dem eine verstärkte Öffnung anderen Sprachen gegenüber zwangsläufig einhergehen muss.

Aufgaben

1. **Hört euch, beispielsweise bei YouTube®, das Lied „Denglisch" von den „Wise Guys" an. Was denken sie über das Phänomen? Und was haltet ihr davon?**

2. **Schreibe ein Märchen, beispielsweise „Rotkäppchen" oder „Hänsel und Gretel", in Denglisch um, und trage es der Klasse vor. Wählt die gelungenste „Umwandlung" der Klasse.**

3. **Dass sich Sprachliebhaber dagegen wehren, dass Fremdwörter das Deutsche „verunreinigen", ist keine moderne Erfindung: Schon im 19. Jahrhundert kämpften Gelehrte und Schriftsteller gegen den Einzug von französischen oder englischen Begriffen ins Deutsche. Der Verleger Johann Heinrich Campe hat 1807 sogar ein „Verdeutschungswörterbuch" herausgegeben, in dem er vorschlägt, wie man fremdsprachige Begriffe durch deutsche Wörter ersetzen könnte, z.B. „auswerten" statt „evaluieren" usw. Stelle dir nun vor, du wärst selbst Anhänger dieser Ideen: Nimm dir einen Zeitungsartikel vor, und versuche, ihn so umzuschreiben, dass er keine fremdsprachigen Begriffe enthält. Ist das machbar?**

Kapitel 4

Andere Länder, andere Sprachen

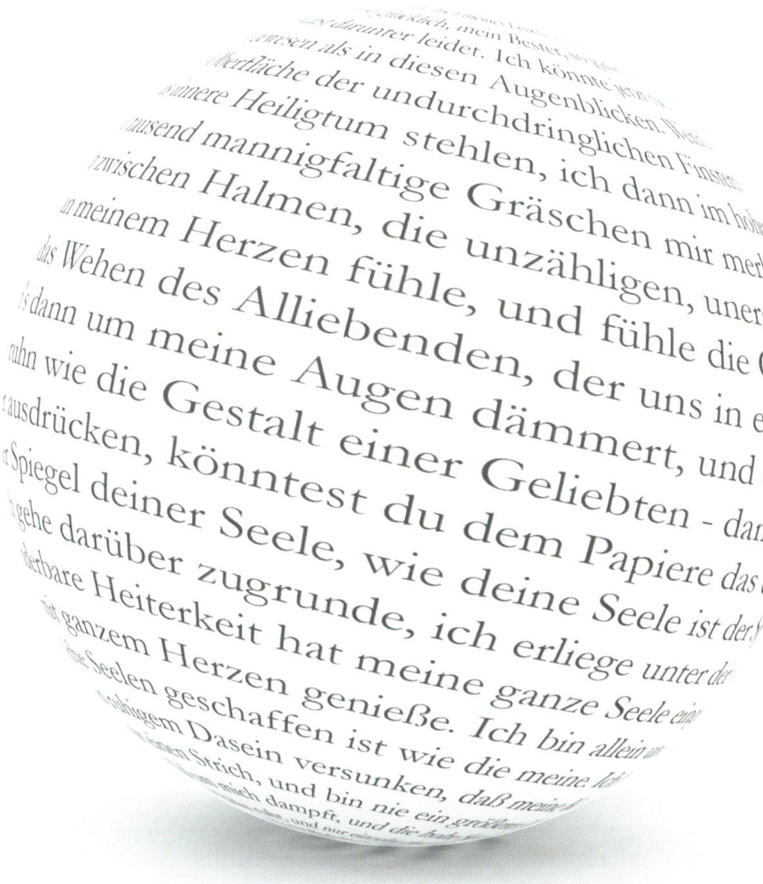

Vom Turmbau zu Babel

Der Turmbau zu Babel

1. Mose 11, 1-9

[1] Es hatte aber alle Welt einerlei Zunge und Sprache. [2] Da sie nun
zogen gen Morgen, fanden sie ein ebenes Land im Lande Sinear,
und wohnten daselbst. [3] Und sie sprachen untereinander: Wohlauf,
lass uns Ziegel streichen und brennen! und nahmen Ziegel zu Stein
und Erdharz zu Kalk [4] und sprachen: Wohlauf, lasst uns eine Stadt
und einen Turm bauen, des Spitze bis an den Himmel reiche, dass
wir uns einen Namen machen! denn wir werden sonst zerstreut in
alle Länder.
[5] Da fuhr der HERR hernieder, dass er sähe die Stadt und den Turm,
die die Menschenkinder bauten. [6] Und der HERR sprach: Siehe, es ist
einerlei Volk und einerlei Sprache unter ihnen allen, und haben das
angefangen zu tun; sie werden nicht ablassen von allem, was
sie sich vorgenommen haben zu tun. [7] Wohlauf, lasst uns hernieder-
fahren und ihre Sprache daselbst verwirren, dass keiner des andern
Sprache verstehe!
[8] Also zerstreute sie der HERR von dort in alle
Länder, dass sie mussten aufhören die Stadt
zu bauen. [9] Daher heißt ihr Name Babel,
dass der HERR daselbst verwirrt hatte aller
Länder Sprache und sie zerstreut von dort in
alle Länder.

_ *Der Turmbau zu Babel in der „Weltchronik in Versen", ca. 1370*

Aufgaben

1. **Bildet Kleingruppen (ca. vier bis fünf Schüler). Ihr habt nun die Aufgabe, aus drei DIN-A4-Blättern einen möglichst hohen und stabilen Turm zu bauen. Dafür dürft ihr nur Kleber und Schere verwenden. Ihr habt zehn Minuten dafür Zeit. Achtung: Sobald ihr in euren Gruppen seid, herrscht absolutes Redeverbot!**
   a. Welche Gruppe löst die Aufgabe am besten?
   b. Inwiefern stellt wohl die Sprachverwirrung ein wirksames Hindernis für den Turmbau dar?

2. **Diskutiert im Plenum über die folgenden Fragen:**
   a. Wo seht ihr heute Ansätze eines „Turmbaus", das heißt: Wo läuft der Mensch heute Gefahr, Grenzen zu überschreiten bzw. in Größenwahn zu verfallen?
   b. Wie äußert sich die Sprachverwirrung heute? Denkt dabei auch daran, dass hinter unterschiedlichen Sprachen auch oft unterschiedliche Kulturen stehen ...
   c. Welche Nachteile hat die Sprachvielfalt, und hat sie auch Vorteile?
   d. Glaubt ihr, wir sind auf dem Weg, sie zu überwinden (Englisch, Esperanto ...)?

_ *Ideen z.T. nach: www.rpi-loccum.de/sek1_peter.html*

All die Sprachen dieser Welt 1/2

Wie viele Sprachen es wirklich gibt auf dieser Erde, darüber können Forscher nur Vermutungen anstellen. Erst 2007 hat man z.B. noch eine ganz neue Sprachgemeinschaft entdeckt, nämlich die der Metyktire-Indianer in Brasilien. Ganz grob geschätzt, kommt man auf 6000–7000. Davon werden einige bis zum Ende des Jahrhunderts aussterben, und ein Drittel ist bis heute nicht erforscht.

Nebenstehend eine Übersicht über die 20 am häufigsten gesprochenen Sprachen auf der Welt ▶

Muttersprachler (in Mill.)

1.	Chinesisch	1200	11.	Deutsch	100
2.	Englisch	570	12.	Punjabi	80
3.	Hindi	420	13.	Javanisch	75
4.	Spanisch	350	14.	Bihari	70
5.	Arabisch	220	15.	Italienisch	65
6.	Bengali	210	16.	Koreanisch	60
7.	Russisch	205	17.	Telugu	55
8.	Portugiesisch	180	18.	Tamil	55
9.	Japanisch	120	19.	Marathi	50
10.	Französisch	110	20.	Vietnamesisch	50

Jede einzelne Sprache hat ihre Eigenheiten, ihre Geschichte, ihre Kultur. Und jede folgt ihren eigenen Regeln. Selbst ob es überall auf der Welt Subjekt und Prädikat gibt, ist umstritten ...

Die meisten Sprachen besitzen jedoch die Satzglieder Subjekt, Prädikat und Objekt. Es gibt sechs Möglichkeiten, diese Teile im Hauptsatz anzuordnen, und alle sechs Möglichkeiten kommen als gängigster Satzbau in irgendeiner Sprache vor. Am seltensten tritt die Variante Objekt-Subjekt-Prädikat auf: Sie wird nur von einigen Sprachen in Amazonien bevorzugt – und einer kleinen, grünen Spezies im Weltall, wenn man den Star Wars-Machern Glauben schenken darf: Meister Yoda wendet konsequent diese Sprechweise an.

Erhebliche Unterschiede finden sich auch hinsichtlich der Laute einer Sprache und der Intonation. Das südafrikanische Volk der Xhosa verwendet beispielsweise Schnalz- oder Klicklaute, die sich in kaum einer anderen Sprache finden. Das Chinesische andererseits fällt unter die tonalen Sprachen, weil die Wörter je nach Tonart, in der man sie spricht, die Bedeutung ändern. (Im Deutschen kennzeichnen wir anhand der Betonung beispielsweise, ob es sich um einen Fragesatz handelt.)

Die Welt der Sprachen gleicht einem Urwald, in dem unendlich viele Gewächse nebeneinanderleben. Und in diesem Sprachurwald ist keine Sprache primitiver oder höher entwickelt als die andere, auch wenn man im 19. und frühen 20. Jahrhundert dieser Meinung war: Vielmehr hat jede einzelne ihre Stärken und Schwächen. So ist beispielsweise die Sprache Nama, gesprochen von einem Volk in Namibia, bezüglich des Regelwerks komplexer als das klassische Latein – dafür fehlt ihr jedoch der weltumspannende Wortschatz des Englischen.

Und noch eine wichtige Frage haben die Forscher sich hinsichtlich dieser babylonischen Vielfalt gestellt: Wie sehr prägt die Sprache, die wir sprechen, unsere Sicht auf die Welt? Können verschiedene Sprachen ihre Sprecher zu ganz unterschiedlichen Gedanken und Wahrnehmungen veranlassen? Kann man nicht vorausdenken, wenn man kein Futur hat; nicht zurück, wenn man keine Vergangenheitsform kennt? Das Schlagwort hierzu lautet „Sprachliche Relativität". Auch darüber lässt sich hervorragend streiten. Mit allerlei Beobachtungen will man der Lösung näherkommen. So benennen beispielsweise die Berinmo auf Neuguinea das Farbspektrum anders und nehmen Farben darum auch anders wahr als wir. Aber wie weit diese Prägung geht, darüber wird man sich wahrscheinlich niemals einig werden ...

_ *Informationen nach: Geo Wissen Nr 40: Sprache. Gruner & Jahr AG & Co. KG, 2007. S. 118 ff. und www.weikopf.de/index.php?article_id=105*

All die Sprachen dieser Welt 2/2

_ *Jede anders, jede perfekt!*

Aufgaben

1. **Gebt bei YouTube® „isiXhosa“ ein, so heißt die Sprache der Xhosa. Hier findet ihr zahlreiche Videos, in denen euch vorgemacht wird, wie die Klick- oder Schnalzlaute gebildet werden. Versucht, ein paar Sätze in isiXhosa nachzusprechen.**

2. **Gebt nun „Chinesisch“ und „vier Töne“ ein. Auch hier könnt ihr eine Videolektion verfolgen und euch im Nachsprechen versuchen.**

3. **Suche dir aus dem Kasten eine Sprache aus (nicht Deutsch, Englisch oder Französisch, das wäre zu einfach!). Recherchiere nun im Internet, und erstelle ein Plakat, das über diese Sprache informiert.**

   a. Wo wird sie gesprochen?
   b. Welche Geschichte hat sie?
   c. Worin unterscheidet sie sich vom Deutschen?
   d. Was ist typisch für sie, was ist besonders daran?
   e. Was gibt es über die Schrift, was über die Aussprache zu sagen?

   Überlege auch, wie du dein Plakat illustrieren kannst. Hängt eure Plakate in der Klasse auf, und stellt sie vor.

Übersetzen – Vermitteln in Babylon

Fachleute gehen von 6000–7000 Sprachen auf der Welt aus. Diese Vielfalt in der internationalen Kommunikation zu überbrücken, das ist der anspruchsvolle Job von **Dolmetschern**, die Gesprochenes von einer Sprache in die andere übertragen, und **Übersetzern**, die sich um geschriebene Texte kümmern. Den stressigsten Beruf haben Simultandolmetscher, die sich kaum ein Innehalten leisten können. Aber auch die Kollegen stehen meistens sehr unter Zeitdruck, wenn z.B. ein besonders erfolgreicher englischer Roman aus der „Bis(s) …"- oder „Harry Potter"-Reihe möglichst schnell auch auf Deutsch erscheinen soll.

Nicht nur Grammatik und Wortschatz der Sprachen, die diese Sprachspezialisten übersetzen, müssen sie perfekt beherrschen. Folgende Fallen lauern darüber hinaus:

- **Falsches Lesen oder Hören:**
  Der deutsche „Harry Potter"-Übersetzer zog sich die Missgunst der Fans zu, als er statt „mead", Honigwein, „meat" las und mit Fleisch übersetzte.
- **Falsche Zusammenhänge:**
  Der Übersetzer eines spanischen Romans übersetzte den Geruch nach „manzanilla", der morgens in einer Kneipe herrschte, mit „Kamillentee" – von der Wortbedeutung her korrekt, im Zusammenhang wäre jedoch die zweite mögliche Übersetzung für das Wort, der Name einer andalusischen Weinspezialität, wohl korrekter gewesen …
- **„Falsche Freunde":**
  Wörter, die in zwei Sprachen ähnlich oder gleich aussehen oder klingen, aber eine unterschiedliche Bedeutung haben. So heißt das holländische „brutaal" im Deutschen „frech", und die englische „billion" ist die deutsche „Milliarde".
- **„Nicht-Übersetzung":**
  Vor allem englische Wörter werden bei der Übertragung oft nicht mit übersetzt, z.B. wird die amerikanische Regierung oft als „Administration" bezeichnet, obgleich das im Deutschen die „Verwaltung" ist. Oder typische Wortfolgen werden übernommen, obgleich sie im Deutschen untypisch sind,: „It's just that …" wird statt „also" oder „na ja" zu „Es ist nur, dass …"
- **Wortspiele und Andeutungen sowie das Spiel mit Lauten etc:**
  Eine besondere Herausforderung für jeden Übersetzer. Teilweise nicht machbar, teilweise annähernd oder anders – teilweise falsch. Wie soll man den kubanischen Romantitel „Tres tristes tigres", im Spanischen ein beliebter Zungenbrecher, übersetzen, der zugleich drei traurige Männer meint? „Drei traurige Tiger", heißt er nun, aber einiges geht verloren. Das Problem stellt sich auch oft bei Filmtiteln.
- **Kulturelle Unterschiede:**
  So lässt sich das japanische „o-furo" zwar, oberflächlich betrachtet, mit „Bad" übersetzen. Da die Japaner jedoch eine ganz andere Kultur der Körperhygiene pflegen, bezeichnen die beiden Begriffe letztendlich völlig unterschiedliche Dinge.

Informationen nach: Nützel, Nikolaus: Sprache oder Was den Mensch zum Menschen macht. Cbj, 2007. S. 190 ff.

Aufgaben

1. **Kennt ihr „false friends", z.B. im Englischen oder Französischen/Deutschen? Sammelt gemeinsam.**
2. **Auf der Internet-Seite www.harrypotter-xperts.de/gurkensalat haben penible Leser Übersetzungsfehler der Romanreihe aus dem Englischen ins Deutsche gesammelt. Bildet Kleingruppen. Sucht euch jeweils mindestens fünf Fehler aus, und ordnet sie den oben stehenden Kategorien zu.**
3. **Wer war Erika Fuchs? Informiert euch mit einem Partner im Internet über ihr Leben, ihre Arbeit und die Probleme, die sie im Rahmen ihres Jobs zu lösen hatte (mit Beispielen!). Schreibt dann einen angemessenen Nachruf, und stellt diesen der Klasse vor.**

Von Wolken und Kisten – Chinesisch und Deutsch

1,2 Milliarden Menschen auf der Welt sprechen Chinesisch – die größte **Sprachgemeinschaft** der Welt. „Chinesisch" ist ein Sammelbegriff für zahlreiche Varianten. Mandarin, Hakka oder Min-Bei-Chinesisch gehören dazu.

Viele chinesische Wörter bestehen nur aus **einer Silbe**. Viele klingen gleich, werden jedoch, je nach Bedeutung, unterschiedlich geschrieben. Im Mündlichen werden die verschiedenen Bedeutungen durch unterschiedliche **Tonhöhen** signalisiert. Die chinesische Schrift besteht aus **Ideogrammen**, also aus Zeichen, die für Begriffe stehen, teilweise auch aus **Piktogrammen**, die das Bezeichnete abbilden.

Chinesisch ins Deutsche zu übertragen, ist eine echte Herausforderung. Unentwegt muss man Entscheidungen treffen. Warum, erklärt Übersetzer Frank Meinshausen:

„Chinesische Grammatik ist nicht so umfassend, und die Regeln sind nicht so strikt wie beim Deutschen, beispielsweise haben Verben keine festen Zeitformen. Ein und dasselbe Verb kann man als Zukunfts-, Gegenwarts- oder Vergangenheitsausdruck betrachten. Das heißt, Chinesisch muss man immer sehr situativ übersetzen. Diese Sprache schwebt ein bisschen. Ich sage häufig, das ist, wie wenn man Wolken in Kisten verpacken will. Die Kisten wären sozusagen unsere deutschen Sätze mit ganz fester, fast starrer Grammatik, und die Wolken, das sind die chinesischen Ausdrücke, die chinesische Sprache. (...) Es gibt sehr viele Dialektausdrücke, sehr viele umgangssprachliche Wendungen, die vielleicht nur in bestimmten Landesteilen üblich sind und die dann in die Sprache einfließen. (...) Zudem gibt es noch die chinesischen Sprichwörter, Chengyu heißen die, das sind Ausdrücke mit vier Zeichen, und die spielen häufig auf klassische Zusammenhänge, auf klassische geschichtliche Zusammenhänge an, auf geschichtliche Tatsachen. Die kommen auch aus der klassischen Literatur. Die sind für ein gutes Hochchinesisch unabdingbar, und die aufzuschlüsseln dann und eine deutsche Entsprechung zu finden, ist nicht immer leicht."

Quelle: www.literaturcafe.de/wolken-in-kisten-ueber-chinesische-erzaehlungen-und-ihre-uebersetzung-buchmesse-podcast-2009

Aufgaben

1. **Gib mit eigenen Worten wieder, was Meinshausen mit „Wolken in Kisten verpacken" meint.**
2. **Welche Entscheidungen muss er dem Text nach beim Übersetzen treffen?**
3. **Was meint ihr: Welche Probleme könnte ein Übersetzer haben, der vom Englischen ins Deutsche überträgt? Tauscht eure Vermutungen in der Klasse aus.**
4. **Suche dir einen Partner. Recherchiert im Internet mindestens drei Chengyu. Schreibt sie und die Geschichte, die dahintersteckt, jeweils auf ein Blatt, und legt in der Klasse eine Chengyu-Sammlung an. Tragt einige vor.**

Babelfische – kleine Universalübersetzer

Praktisch: Im Roman „Per Anhalter durch die Galaxis“ von Douglas Adams gibt es den Babelfisch, benannt nach der Heimatstadt der Sprachverwirrung. Den setzt man sich ins Ohr und versteht plötzlich alle Sprachen des Universums.

Nach wie vor Science-Fiction, obgleich der Traum von **Übersetzungsmaschinen** schon im 18. Jahrhundert geträumt wurde. Mit dem Computer kam Tempo in die Idee. Zunächst gab es mehr oder weniger reine **Wörterbücher**, doch sind die Programme mittlerweile z.T. ziemlich ausgefeilt. Fachleute basteln daran, dass **unterschiedliche Wortbedeutungen** in unterschiedlichen Kontexten (z.B. „Wasser trinken“/„Wasser lassen“) und unterschiedliche grammatikalische Formen erkannt werden. Bei kürzeren Sätzen funktioniert das immer besser. Dennoch wird der Mensch als Übersetzer, mit seinem Bewusstsein und Sprachgefühl, wohl nie ausgedient haben.

Schaut euch einmal an, was die Übersetzungsmaschine http://de.babelfish.yahoo.com mit dem folgenden Text aus einer englischen Bedienungsanleitung für eine Kamera macht:

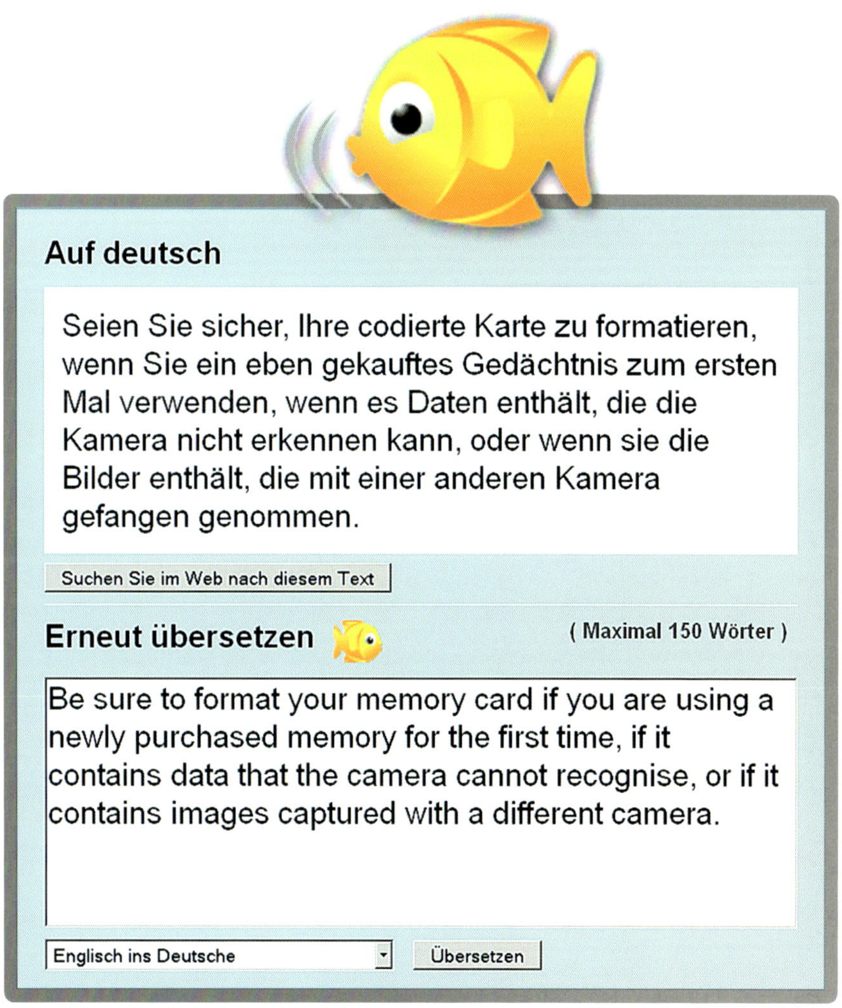

_ *Informationen z.T. nach:*
Nützel, Nikolaus: Sprache oder Was den Mensch zum Menschen macht. Cbj, 2007. S. 206 ff.

Aufgaben

1. **Nun könnt ihr selber auf der Webseite experimentieren.**
   a. Ihr könnt Sätze aus Bedienungsanleitungen (z.B. von Handys o.Ä.) eingeben und diese vom Englischen (oder aus einer anderen Sprache!) ins Deutsche übersetzen lassen.
   b. Ihr könnt unterschiedlich lange und komplexe Sätze aus dem Englischen oder anderen Sprachen eingeben (hilfreich ist es natürlich, wenn ihr neben dem Deutschen noch eine zweite Sprache gut beherrscht) und diese ins Deutsche, Englische etc. übersetzen lassen.
   c. Ihr könnt Sätze eingeben, diese in eine andere Sprache und wieder zurück übersetzen lassen.
   d. Ihr könnt literarische Texte, beispielsweise einen Auszug aus einem Sonett von Shakespeare oder einen dadaistischen Text, übersetzen lassen.

   Sammelt die lustigsten und interessantesten Ergebnisse in einer Wandzeitung. Illustriert diese auch.

2. **Schaut euch genau an, an welchen Stellen bei der Übersetzung etwas schiefgelaufen ist und wo genau der Fehler lag. Was kann das Programm demzufolge leisten, und wo sind seine Grenzen?**

Eine Welt – eine Sprache? Esperanto & Co.

Warum sollte ein Mensch auf die Idee kommen, den unzähligen Sprachen dieser Erde eine weitere künstlich hinzuzufügen? Natürlich um alle Menschen mit ihren verschiedenen Sprachen zu **vereinen**.

Der Hintergrundgedanke bei dem Plan, eine **„Weltsprache“** zu schaffen, der die Menschen schon im 17. Jahrhundert beschäftigte: Die ganze Geschichte um den Turmbau zu Babel durch eine Kunstsprache, die alle sprechen sollten, rückgängig zu machen. Im Zeitalter der Globalisierung, das letztendlich mit der Blütezeit des Kolonialismus begann, wurde dieser Gedanke für die Menschen auf der nördlichen Erdhalbkugel dringlicher. Etliche Vorschläge gab es, sie hießen beispielsweise „Idiom Neutral“, „Interlingua“ oder einfach „Ulla“. Der wohl bekannteste Versuch heißt „Esperanto“ und wurde Ende des 19. Jahrhunderts von dem sprachbegeisterten polnischen Augenarzt Ludwig Lazarus Zamenhof unternommen.

Und **Esperanto** ist heute die einzige Weltsprache, die sich eine halbwegs lebendige Sprechergemeinde erhalten hat. Es wird geschätzt, dass es zwischen einer und vier Millionen Sprecher gibt, Künstler wie auch Geschäftsleute kommunizieren darüber. Von einer Weltsprache ist es damit freilich noch weit entfernt. In den anderen Fällen, so begeistert die Sprachen jeweils auch aufgenommen wurden, trat schnell eine noch erheblichere Ernüchterung ein. Das hatte verschiedene Gründe: Kritik an zu europäischem Vokabular z.B., ein zu komplexes Regelwerk – und nicht zuletzt die Omnipräsenz des Englischen.

_ *Informationen nach: Nützel, Nikolaus: Sprache oder Was den Mensch zum Menschen macht. Cbj, 2007. S. 171 ff.*

_ *Das Esperanto-Symbol*

Aufgaben

1. **Arbeite mit einem Partner zusammen. Stellt euch vor, ihr müsstet eine ganze Sprache neu erfinden. Was bräuchtet ihr dafür an „Zutaten“? Wie würdet ihr vorgehen? Verfasst ein „Weltsprachenrezept“, eine Anleitung zum Schaffen einer Sprache, die für möglichst viele Menschen möglichst leicht erlernbar ist.**
2. **Recherchiert nun, wie Zamenhof vorgegangen ist, als er Esperanto entwickelte. Entwerft ein Regelheft mit den wichtigsten Esperanto-Regeln und einigen beispielhaften Vokabeln. Informationen findet ihr hier:** www.esperanto.de/gej/informoj/demandoj
3. **Hört euch, beispielsweise bei YouTube®, das Lied „Esperanto“ von der Band Freundeskreis an. Wofür steht die Sprache im Songtext?**
4. **Was denkst du selbst über „Weltsprachen“? Meinst du, dass es einmal eine geben könnte, die sich als internationale Kommunikationsform durchsetzt?**

Kunstsprachen – blühende Fantasie

Esperanto (die einzige „künstliche Weltsprache", die wirklich gesprochen wird) ist nicht die einzige **Kunstsprache**, die es zu Rang und Namen gebracht hat.

Ein großer Schöpfer von Fantasiesprachen war beispielsweise der Sprachwissenschaftler **J.R.R. Tolkien** (1892–1973), der Autor des „Herrn der Ringe". Das ganze Epos ist ein Nebenprodukt seiner sprachwissenschaftlichen Begeisterung: Die Elbensprache – oder besser gesagt, die Sprachfamilie, die das Elbische darstellt, mitsamt einer gemeinsamen Ursprache – hatte er schon vorher erfunden und zu einem kompletten Sprachsystem ausgearbeitet: mit Wortwurzeln (z.B. mel- für „Liebe"), Lautwandel (von kw zu p) und allem Drum und Dran.

Nur, fragte er sich, wie sollte er dafür jemals ein Publikum finden? Also erfand er Geschichten, in die er die Sprache einbettete.

Heute gibt es sogar **Elbisch-Sprachkurse** für Interessierte. Und diese Interessierten gibt es auch. Also war das kleine Wörterbuch, das Tolkien seinen Geschichten beigefügt hat, nicht umsonst. Einem dürfte es besonders geholfen haben: dem Sprachwissenschaftler David Salo, der für die Verfilmungen diverse Dialoge in die Elbensprache Sindarin übertragen musste. Weil er teilweise viel Fantasie dabei aufbringen musste, zog er den Zorn konservativer Tolkien-Sprachwissenschaftler auf sich.

Ein Ring, sie zu knechten, sie alle zu finden ...

Auch die Produzenten der Science-Fiction-Serie „Star Trek" engagierten extra einen Wissenschaftler, um die außerirdische Sprache der kriegerischen **Klingonen** zu entwickeln. Heute wird von den Fans sogar auf Klingonisch gegoogelt – und gerappt: Bei YouTube® findet ihr ein entsprechendes Musikvideo des belgischen Künstlers „Klenginem" (das genügt als Suchwort). Allerdings, wie er auf seiner Webseite www.khemorex-klinzhai.de/levinius/Klenginem/d/about.html beteuert, alles nur zur Unterhaltung.

Informationen nach: www.geo.de/GEO/kultur/55151.html?p=3

Aufgaben

1. **Suche dir einen Partner. Auf der Seite www.sindarin.de findet ihr eine Sindarin-Grammatik sowie Wörterlisten. Schreibt einen kleinen Text auf Sindarin mit mindestens drei grammatikalisch korrekten Sätzen. Tauscht euren Text anschließend mit Klassenkameraden. Übersetzt jeweils, was die anderen geschrieben haben.**
2. **Arbeite weiter mit deinem Partner zusammen. Recherchiert im Internet eine weitere Kunstsprache, und verfasst einen kurzen Lexikoneintrag: Wozu wurde sie erfunden, was ist typisch für sie, etc. Stellt eure Ergebnisse der Klasse vor.**
3. **Arbeitet nun in Kleingruppen. Stellt euch vor, ihr solltet einen „Kongress für Kunstsprachen" für Interessierte aus aller Welt organisieren. Überlegt euch, welche Programmpunkte ihr auf die Tagesordnung setzen könntet, und gestaltet einen Flyer, der zu eurem Kongress einlädt und über ihn informiert.**

Kapitel 5

Meine Sprache, deine Sprache!

Alles Deutsch, oder was?

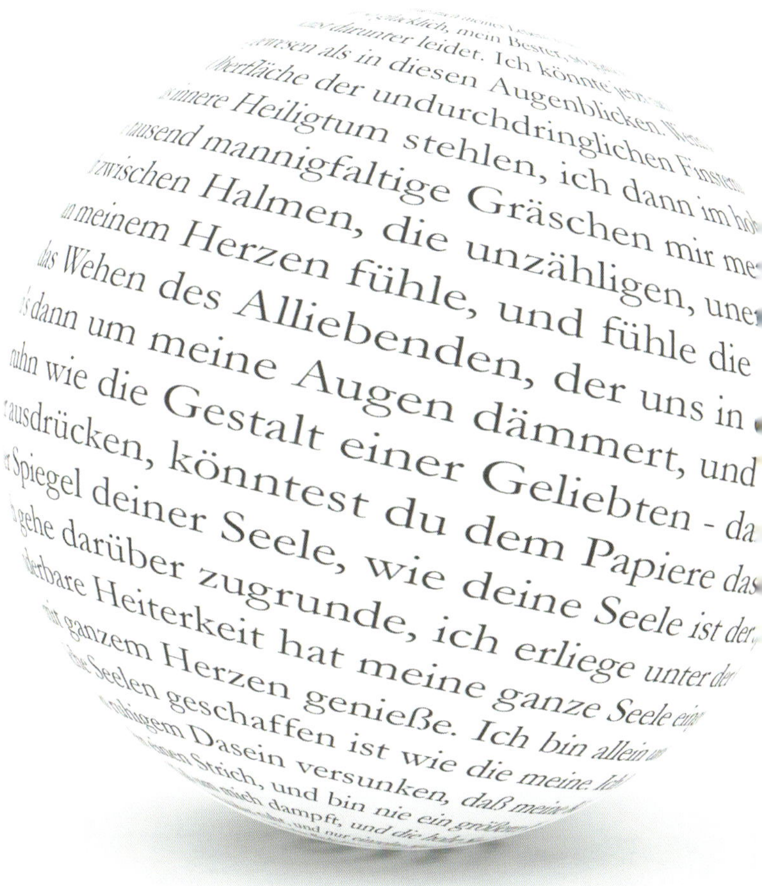

Bewerbungsschreiben der anderen Art

Aufgaben

1. Suche dir einen Partner. Sucht euch aus einer Zeitung eine Stellenanzeige heraus, und verfasst gemeinsam ein Bewerbungsanschreiben – und zwar in Jugendsprache (also so, wie ihr euch nach der Schule miteinander unterhaltet).

2. Lest eure Briefe der Klasse vor. Wie würde ein Arbeitgeber reagieren, der einen solchen Brief erhält? Warum?

3. Tauscht nun eure Briefe untereinander aus. Analysiert gemeinsam mit eurem Partner die verwendete Sprache auf folgende Aspekte hin (im Vergleich zur „normalen“, also der Schriftsprache):
   a. Anrede
   b. Wortschatz (fremdspr. Einflüsse, Wortschöpfungen, Bedeutungsverschiebungen etc.)
   c. Grammatik
   d. Aussprache

4. Natürlich gibt es nicht „die Jugendsprache“: Jede Gruppe redet anders. Aber vielleicht findet ihr anhand eurer Texte doch einige Gemeinsamkeiten? Sammelt Vorschläge in der Klasse: Was ist typisch für heutige Jugendsprache(n)?

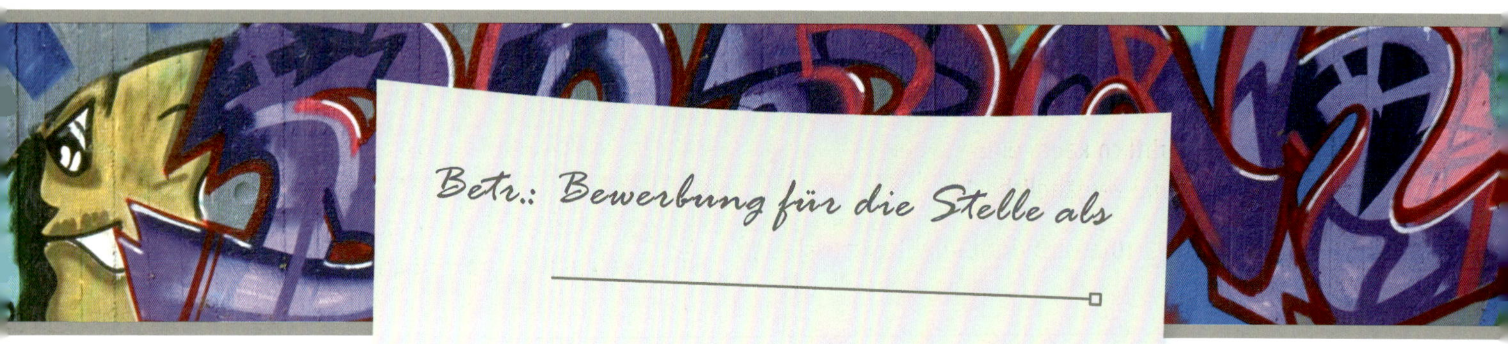

Betr.: Bewerbung für die Stelle als

____

Jugendwort des Jahres

Einige sind der Ansicht, der heutige **„Jugendsprech“** bedeute den **Verfall der Sprache** – außer Acht lassend, dass das, was dem einen heute sein „Filet“ ist, dem anderen früher sein „steiler Zahn“ oder „flotter Käfer“ war, nämlich ein attraktives Mädchen. Und was der eine heute „raumschiff“ findet, fand der andere früher womöglich „knorke“, nämlich richtig gut.

Andere **entdecken die Jugendsprache für sich**, greifen sie in der Werbung auf oder geben ganze Lexika heraus, in denen man so etwas nachschlagen kann, wie: „den Denkmuskel beschlauen“ = lernen.

Tatsache ist: **Jugendsprache ist ungeheuer kreativ**. Tatsache ist außerdem: Es gibt nicht eine Jugendsprache, sondern nur das Phänomen, dass Jugendliche vor allem zwischen zehn und 19 Jahren Sprache auf ihre ganz eigene Art verwenden, um sich abzugrenzen und sich zu sozialisieren. Und Tatsache ist auch, dass Jugendsprache schriftlich kaum einzufangen ist – weil sie so subjektiv und vergänglich ist.

Einen jährlichen Wettbewerb richtet der Langenscheidt-Verlag mit seinem **„Jugendwort des Jahres“** aus: Hier wird nicht lange geforscht und „gelauscht“, sondern hier senden die Jugendlichen ihre Vorschläge selber ein und wählen den besten aus. Jugendwort des Jahres 2008 war „Gammelfleischparty“ für Ü-30-Partys, 2009 gewann „hartzen“ für „arbeitslos sein“ oder „rumhängen“. 2010 standen unter anderem „Speckbarbie“ für ein „aufgetakeltes Mädchen in viel zu enger Kleidung“ oder „Egosurfen“ für „sich selber im Internet suchen“ zur Wahl, gewonnen hat das Wort „Niveaulimbo“: eine Bezeichnung für immer weiter absinkendes Niveau z.B. in TV-Sendungen oder Gesprächen.

Hier könnt ihr euch die aktuellen Optionen anschauen und mitwählen: www.jugendwort.de

Der Rapper Jan Delay

zum Thema Jugendsprache/Sprachwandel

Ihre Zielgruppe, Jan Delay, ist eindeutig definiert: junge Menschen. Spüren Sie beim Schreiben Ihrer Liedtexte eine bestimmte Verantwortung?

Delay: Beim Schreiben nicht. Aber so lehrermäßig das jetzt auch klingen mag, ich spüre schon eine Verantwortung, wenn ich zwei 12-Jährige auf der Straße miteinander sprechen höre, die in einer komplett artikelbefreiten Sprache miteinander reden, nur damit sie klingen wie die coolen Türken in ihrer Straße.

„Gehen wir McDonald's …“

Delay: Genau. Wenn ich selbst Kinder hätte, würde ich sagen: Zuerst lernt ihr bitte, wie man grammatikalisch richtig schreibt, und wenn ihr das draufhabt, dann könnt ihr reden, wie ihr wollt.

Ganz schön konservativ.

Delay: Die Grundvoraussetzungen müssen eben stimmen. Ich will ja nicht, dass mein Sohn eines Tages zum Vorstellungsgespräch geht und sagt: „Digger, weißte, ich dachte, ich komm hier mal wegen Kohle vorbei und so.“

Quelle: http://sz-magazin.sueddeutsche.de/texte/anzeigen/29981

Aufgabe

Wählt euer persönliches Jugendwort in der Klasse:

a. Sammelt dazu aktuelle Jugendwörter. Ihr könnt aber auch Ältere, z.B. eure Eltern oder Großeltern, nach ihren Jugendwörtern befragen.

b. Fragt auch ausländische Mitschüler, Freunde, Nachbarn etc. nach Jugendwörtern in ihrer Sprache, und lasst euch den Sinn übersetzen.

c. Stellt alle „Fundstücke“ der Klasse vor. Wählt gemeinsam zunächst die fünf, die euch am besten gefallen, und kürt daraus den Sieger.

Fachsprachen – Wissen auf den Punkt gebracht?

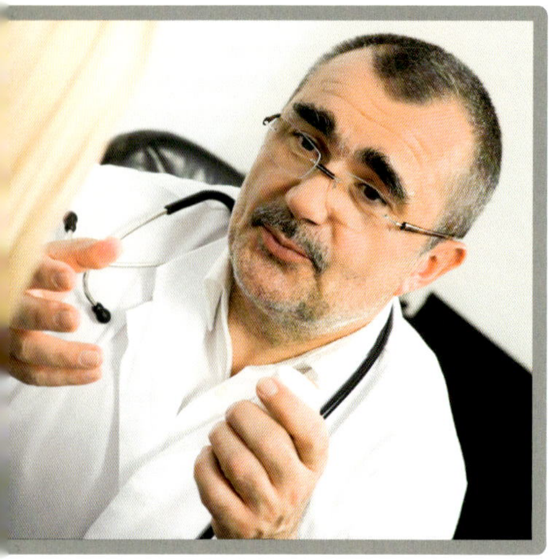

„Die gleichzeitige Therapie mit den Makrolid-Antibiotika Erythromycin oder Clarithromycin, nicht aber mit Azithromycin, kann schnell zu einer Überdosierung von Kalziumantagonisten führen."

_ Quelle: *www.aerzteblatt.de/nachrichten/44322/Wechselwirkung_Kreislaufschock_nach_Makrolid_plus_Kalziumantagonist.htm*

Hä? Ärztelatein! Als Patient wird man angesichts dieser Worte verständnislos dreinschauen – wenn sie dagegen ein Arzt an einen Kollegen richtet, wird dieser entschieden nicken.

Im Gegensatz zu der Sprache des Alltags, die eine kommunikative Aufgabe hat, haben **Fachsprachen** eine sehr spezielle Funktion, und zwar entweder **praktisch** (wie in beruflichen Zusammenhängen) oder **theoretisch** (wie im wissenschaftlichen Bereich). Das Meyer'sche Taschenlexikon definiert sie als „Verständigungssysteme (‚Sondersprachen') innerhalb bestimmter Fachgebiete". Innerhalb dieser Gebiete sind sie unerlässlich, um Informationen auf den Punkt zu bringen.

Wenn man jedoch mit „Normalsterblichen" kommuniziert, ist es ebenso unerlässlich, ihnen das, was sie wissen müssen, in einer Sprache mitzuteilen, die sie auch verstehen. Im oberen Falle etwa so: *„Herr Meyer, wenn Sie diese beiden Medikamente gleichzeitig einnehmen, können Sie einen Kreislaufzusammenbruch erleiden."*

Nicht selten geht die Verwendung von Fachsprachen zu weit und sorgt für Unmut. Am 14. April 2009 titelte die Bild-Zeitung: „Behördenbriefe: Bürger verstehen nur Bahnhof". Als Grund, so heißt es im Artikel, hätten viele umständliche Sätze und unerklärte Fachbegriffe genannt.

Aufgaben

1. **Überlegt gemeinsam in der Klasse: Welche Bereiche kennt ihr, in denen eine Art Fachsprache verwendet wird? Warum ist sie dort notwendig? Wann sollte sie in die Alltagssprache „übersetzt" werden?**

2. **Arbeite mit einem Partner. Sucht euch jeweils eine der gesammelten Sprachen aus, und recherchiert Beispiele (z.B. in Broschüren oder auf fachspezifischen Internetseiten). Was fällt auf? Was lässt sich z.B. zum Wortschatz sagen, und gibt es andere Auffälligkeiten, wie häufige Abkürzungen, besondere grammatische Konstruktionen o.Ä.? Stellt eure Ergebnisse auf einem Plakat euren Mitschülern vor.**

3. **Habt ihr in der Schule auch eine Art „Fachsprache"? Gibt es Wörter, die ihr nur hier besonders häufig verwendet? Bestimmte Abkürzungen? Vielleicht auch ganze Sätze? Denkt an Materialien, die ihr verwendet, an euren Tagesablauf, an Prüfungen, Räumlichkeiten, Pausen usw. Sammelt in Kleingruppen solche Eigenheiten, und legt ein kleines „Lexikon" „Schule – Alltag" an, in denen ihr sie „übersetzt", z.B. für eine Ausgabe eurer Schülerzeitung, die am Anfang des Schuljahres an neue Mitschüler verteilt wird.**

Fachchinesisch – gute Laune im Parlament

_ Hans-Rudolf Merz sorgte für ausgelassene Stimmung

Zu einiger Berühmtheit hat es in Sachen „Fachchinesisch" der Brief eines Schweizer Zollbeamten gebracht, der eigentlich nur korrekt auf die besorgte Frage eines Bauern antworten wollte. Die lautete, ob die Zollverwaltung streng genug gegen die Importzunahme von gewürztem Fleisch vorgehe (das einen niedrigeren Steuertarif hat als ungewürztes, was die Importeure zu zahlreichen Tricks veranlasste).

Der Bundesrat leitete die Frage an die Schweizer Zollverwaltung weiter und erhielt prompt eine präzise Antwort des besagten Zollbeamten, die dann im Rat verlesen wurde, und zwar von Finanzminister Hans-Rudolf Merz. Dieser begann, den Brief vorzulesen – und konnte schon bald kaum mehr sprechen vor Lachen. Sein Auftritt entwickelte sich zum absoluten YouTube®-Hit.

Hier ein Auszug aus dem Brief, dessen Inhalt der Minister selbst stellenweise in keinster Weise folgen konnte:

> In Anlehnung an Anmerkung 6a zum Kapitel 2 der KN hat die Zollverwaltung zusätzlich so genannte schweizerische Erläuterungen zum Zolltarif publiziert. Danach werden gewisse Erzeugnisse noch im Kapitel 2 eingereiht, denen bei der Herstellung Würzstoffe zugesetzt worden sind, sofern dadurch der Charakter einer Ware dieses Kapitels nicht verändert wird (z.B. Bündnerfleisch). Ausgeschlossen von diesem Kapitel bleibt hingegen Fleisch, bei dem die Würzstoffe auf allen Flächen des Erzeugnisses verteilt und mit blossem Auge wahrnehmbar sind. (...) Seit dem 3. Mai 2010 gehört mit ganzen Pfefferkörnern bestreutes Fleisch ebenfalls zum Kapitel 2 des Zolltarifs. Damit wird verhindert, dass Fleischstücke mit Zusatz von ganzen Pfefferkörnern zu den markant tieferen Zollansätzen des Kapitels 16 eingeführt werden können. [...]

Das geht noch eine ganze Weile so weiter. Am Ende lachte der ganze Bundesrat schallend und spendete Applaus. Der Zollbeamte konnte die Freude der Politiker zunächst nicht teilen: Er habe sich Mühe gegeben und nach bestem Wissen und Gewissen eine seriöse Antwort vorbereitet.

_ Informationen nach: www.20min.ch/news/dossier/session/story/23245244

Aufgaben

1. Gebt bei YouTube® die Schlagworte „Schweiz", „Minister" und „Lachanfall" ein, und seht euch den Auftritt an.

2. Hat der Zollbeamte einen Fehler gemacht? Wenn ja, welchen? Und wie beurteilst du die Aktion von Merz?

3. Suche dir einen Partner. Verfasst gemeinsam einen Brief des Zollbeamten an Hans-Rudolf Merz, in dem ihr euch darüber beschwert, dass die durchaus korrekte Beantwortung der Frage ins Lächerliche gezogen wurde. Schreibt dann einen Entschuldigungsbrief des Ministers. Geht in beiden Briefen auf Sinn bzw. Unsinn von Fachsprachen ein.

CU @ café ein Uhr :-)

Ist euch schon mal aufgefallen, dass jedes Medium seinen ganz eigenen Sprachstil mit sich bringt? Eine Mail wird meist anders formuliert als ein Brief, im Chat kommuniziert man anders als in einem Telefongespräch …

Aufgaben

1. **Bildet Kleingruppen zu den Themen a-e. Sammelt jeweils einige Beispiele für die Textsorte, die eure Gruppe untersuchen soll. Ihr könnt eigene Texte nehmen und solche, die öffentlich im Internet stehen (bei den eigenen solltet ihr natürlich darauf achten, dass sie nicht zu persönlich sind). Bittet ggf. euren Lehrer bei der Textsuche um Hilfe.**

   a. E-Mail – versus Brief (auf private wie auch formelle Mails eingehen)
   b. SMS – versus Telefongespräch
   c. Blog – versus klassisches Tagebuch (Beispiele z.B. hier: www.blog.de)
   d. Chat – versus persönliches/telefonisches Gespräch
   (Hier ist es evtl. schwierig, an Original-Texte zu kommen. Vielleicht habt ihr noch Texte, z.B. von Skype, ICQ, Facebook oder SchülerVZ? Falls nicht, müsstet ihr v.a. auf eure Erfahrungen zurückgreifen oder einen Chat-Text extra für die Arbeit in der Gruppe erstellen.)
   e. Foren- und Gästebuchbeiträge/Diskussionen im Internet allgemein – versus persönliche/öffentliche Diskussion
   (Beispiele z.B. hier: www.gutefrage.net/fragen/beliebte/1/30)

   Arbeitet nun in der Gruppe die Merkmale eurer Textsorte heraus. Notiert alles, was euch im Vergleich zum traditionellen schriftlichen/mündlichen Sprachgebrauch auffällt.

2. **Präsentiert eure Ergebnisse mit Beispielen auf Plakaten, und stellt sie der Klasse vor. Vergleicht sie mit den Ergebnissen eurer Klassenkameraden.**

E-Mail, SMS & Co. – Verfall oder Wandel?

Alex Berlin – Talkmaster

- vermittelt
- fasst zusammen
- erteilt das Wort

Elena van der Heiden – Talkgast, Vorsitzende des „Vereins für die Pflege der Sprache"

- die Nachlässigkeit des Sprachgebrauchs in den neuen Medien ist mit ein Grund für heute vorherrschende mangelnde sprachliche Kompetenzen
- Sprache verfällt zusehends

Hendrik Mai – Talkgast, Professor für Sprachwissenschaft

- Sprache ist immer im Wandel
- alte Kommunikationsformen werden durch neue nicht unbedingt verdrängt, sondern ggf. ergänzt

Nina New – Talkgast, Rapperin

- solange keine Missverständnisse aufkommen, ist der Sprachgebrauch in den neuen Medien total o.k.
- man muss ohnehin nicht zu penibel auf korrekten Sprachgebrauch achten, es gibt viel zu viele Regeln, die eher einschränken

Rene Bergmann – Talkgast, Autor

- Sprache ist ein Werkzeug, das nur richtig funktioniert, wenn es korrekt gebraucht wird, sonst kommt es zwangsläufig zu Missverständnissen
- Sprache sollte rein, klar und eindeutig bleiben

Aufgaben

1. Stellt euch vor, die Frage in der Überschrift ist Thema in einer Talkshow. Verteilt verschiedene Rollen (beispielsweise die oben stehenden, ihr könnt aber auch eigene Rollen erfinden), bereitet euch darauf vor (indem ihr z.B. weitere Thesen für eure Positionen aufstellt und nach weiteren Argumenten sucht), und führt die Diskussion vor der Klasse durch.

   Diejenigen, die nicht in der Talkshow auftreten, überlegen sich eine eigene Haltung zur Frage. Sie sind das Publikum und dürfen mitdiskutieren, wenn der Talkmaster ihnen das Wort erteilt.

2. Wertet hinterher aus:
   a. Welche Position wurde am überzeugendsten vertreten? War das diejenige, deren Meinung die meisten in der Klasse teilen?
   b. Wurde nur gestritten, oder wurde auch nach Kompromissen und Lösungsansätzen gesucht?
   c. Kann es bei dieser Frage eurer Meinung nach überhaupt etwas wie eine Lösung geben?

Andere Sprachen von Dorf zu Dorf – Dialekte

_ Dialektkarte aus dem Brockhaus von 1894

Ganz Deutschland ist von **Sprachgrenzen** durchzogen: Denn ganz Deutschland spricht – beziehungsweise quatscht, kürt, pratet, schnackt, babbelt oder schwätzt – **Dialekt**, also Mundart. Nichts ist sinnbildlicher für die Mündlichkeit der Sprache: Wenn drei Menschen einen Satz in Mundart schreiben müssten, wird er wohl bei jedem anders aussehen ... Teilweise hört man im einen Dorf sogar, dass der Gesprächspartner aus dem Nachbarort kommt!

Für viele hat Dialekt einen negativen Beiklang, manche glauben sogar: Wer Dialekt spricht, muss einfach sein. Eher das Gegenteil ist jedoch der Fall: Wer Dialekt und Standardsprache spricht, stellt mit dieser **Mehrsprachigkeit** schon eine gewisse Sprachbegabtheit unter Beweis. Nicht nur das **Vokabular** weicht von der Hochsprache ab, teilweise tut es auch die **Grammatik**: So sagt der Kölner z.B. „Ich bin am Laufen" statt „Ich laufe". Das ist die so genannte „rheinische Verlaufsform" (die es ähnlich auch in anderen Regionen gibt).

Ein Dialekt ist auch ein wichtiger Bewahrer der **Kultur** einer Region. Das Vokabular zeugt von den Eigenheiten, die der Alltag in einer Region mit sich bringt, z.B. von kulinarischen Bräuchen usw. Dialekte stiften so lokale Identität. Darum werden sie mittlerweile vielerorts liebevoll gepflegt.

Am Samstag wor widder
ens Danz aanjesaat
un jeder, de kunnt,
wor dobei.

Nü hängt des Ding
zu Hause rüm
und meene Frau
nimmt mio des krümm
so froocht misch jädn
Doch worum

Bin a Bauer, sagt a, in am
Dorf, sagt a,
und a Bier, sagt a, drink i
scharf, sagt a,
sechs siebm Mass, sagt a,
trink i scho.

Dat du min Leevsten büst
dat du woll weeß
Kumm bi de Nacht
kumm bi de Nacht
segg wo du heeßt

Aufgaben

1. **Welchen Dialekten entstammen die rechts stehenden Liedausschnitte? Was fällt jeweils sprachlich auf?**

2. **a) Wenn Deutsch deine Muttersprache ist: Besorge dir eine Kopie der Ballade „Der Zauberlehrling" von Goethe, und übersetze die ersten drei Strophen in den Dialekt deiner Heimatregion. (Es muss nicht alles korrekt sein!)**

   b) Wenn Deutsch deine Muttersprache ist, du aber keine Mundart sprichst, recherchiere in Lexika, Fachbüchern oder im Internet, welche Dialekte es im Deutschen gibt. Setze dich dann mit einem Partner zusammen. Zeichnet in die Kopie einer Deutschlandkarte die verschiedenen Mundart-Regionen ein.

   c) Wenn du eine andere Muttersprache hast, bereite einen kleinen Vortrag über die Dialekte vor, die du in deiner Muttersprache kennst. Arbeite mit Beispielen. Ziehe Vergleiche zur Hochsprache.

3. **Stellt eure Ergebnisse der Klasse vor. Vergleicht eure Mundart-Gedichte miteinander.**

Himmelherrgottnocheins – Fluchen ist universell

Malediktologie – so heißt ein ganzer Wissenschaftszweig, der sich ausschließlich mit dem Schimpfen und Fluchen beschäftigt (von lat. maledicere = schimpfen). Wo Menschen richtig ausrasten, wo andere beschämt weghören, da spitzt der Malediktologe die Ohren und den Bleistift.

„Schimpfen befreit", sagt Experte Timothy Jay. Wer flucht, lässt Dampf ab. Und offensichtlich ist es etwas zutiefst Menschliches und Universelles: Jede Sprache auf dieser Erde, jeder einzelne Dialekt hält für Wutausbrüche ein umfangreiches Vokabular bereit. Auch wenn ein Amerikaner, der im Radio oder im Fernsehen flucht, einem Gesetz zu Folge mit Strafsummen im 6-stelligen Bereich rechnen muss, auch wenn in Südrussland regelmäßig „Schimpfstrafzettel" ausgestellt werden: Wer sprechen kann, flucht auch. Sogar Alzheimerpatienten und Demenzkranke können noch herzhaft fluchen, wenn sie sich schon nicht mehr an die Namen ihrer Angehörigen erinnern können.

Die alten Ägypter meißelten Verwünschungen in Hieroglyphen, Mozart aalte sich vergnüglich im Fäkalvokabular und unterschrieb Briefe mit „Süßmaier Scheissdreck", und Goethe hat wohl das berühmteste aller Schimpfwörter im „Götz von Berlichingen" populär gemacht: „Er kann mich im Arsche lecken!"

Alle sozialen Schichten, alle Altersklassen fluchen gleichermaßen – wenn auch die Männer etwas mehr als die Frauen, wie es scheint. Kein Wunder: Hirnforscher haben herausgefunden, dass Tabuvokabeln nicht da gespeichert werden, wo die verbale Vernunft sitzt, nämlich im präfrontalen Cortex, sondern im limbischen System, dem animalischen Zentrum des Gehirns, wo auch die Emotionen sitzen. Neurologen nehmen an, dass es bei zu großem Stress, zu großer Wut etc. eine Art Emotionsstau im besagten limbischen System gibt und Schimpftiraden hervorbrechen.

Wie und wo man schimpft, in dieser Frage sollte im Idealfall jedoch dennoch die eigene Vernunft das letzte Wort haben.

_ *Informationen nach: www.spiegel.de/wissenschaft/mensch/0,1518,391497-2,00.html*

Aufgaben

1. **Recherchiere im Internet zum Thema „Tourette-Syndrom". Was genau ist das? Und was hat es mit den oben stehenden Informationen zu tun?**

2. **Bildet Kleingruppen, und gestaltet eine „Fluch-Landkarte". Sammelt Flüche in verschiedenen deutschen Dialekten oder in verschiedenen Ländern, und findet deren Bedeutung heraus. Recherchiert dazu im Internet. Schreibt die Flüche in eine hochkopierte Landkarte, z.B. aus eurem Atlas, hinein, und stellt sie euren Mitschülern vor.**

3. **Ordnet die von euch gefundenen Flüche nun gemeinsam auf einer „Fluch-Skala" von 1 (gar nicht schlimm) bis 10 (ganz schön heftig). Gibt es Auffälligkeiten in der Reihenfolge zu beobachten (wovon handeln z.B. die schlimmeren und die leichteren Flüche)?**

Test: Welchen Sprachstil hast du? 1/2

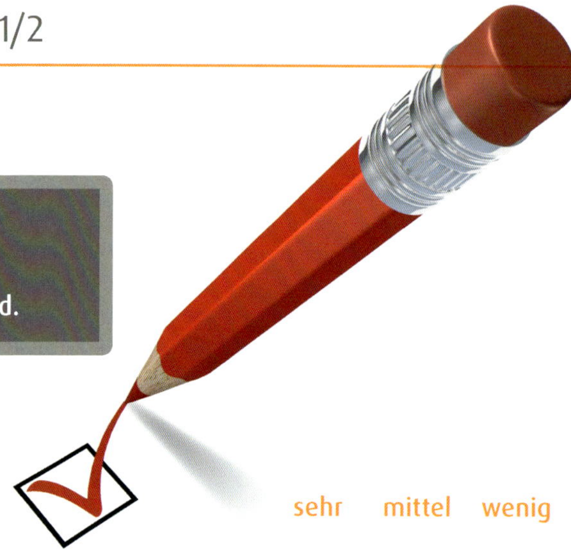

Suche dir einen Partner, den du möglichst gut kennst. Stellt euch gegenseitig die folgenden Fragen. Achtet gemeinsam darauf, dass die Antworten möglichst ehrlich sind.

		sehr	mittel	wenig
1	Wie sehr magst du Details?	☐	☐	☐
	Wie sehr holst du aus, wenn du etwas erzählst?	☐	☐	☐
	Wie sehr tendierst du dazu, den roten Faden zu verlieren?	☐	☐	☐
2	Wie schweigsam bist du?	☐	☐	☐
	Wie kurz sind deine Sätze/Antworten normalerweise?	☐	☐	☐
	Wie oft beantwortest du Fragen einfach mit Ja oder Nein?	☐	☐	☐
3	Wie oft benutzt du den Konjunktiv und das Wort „man“?	☐	☐	☐
	Wie oft sagst du Dinge wie „vielleicht“, „eigentlich“ oder „so“?	☐	☐	☐
	Wie oft holst du dir Bestätigung durch Zusätze wie „oder?“	☐	☐	☐
4	Wie direkt sagst du deine Meinung oder was du willst?	☐	☐	☐
	Wie oft benutzt du die Befehlsform?	☐	☐	☐
	Wie laut sprichst du?	☐	☐	☐
5	Wie oft benutzt du Fachausdrücke/Fremdwörter?	☐	☐	☐
	Wie gewählt drückst du dich aus?	☐	☐	☐
	Wie sorgfältig wählst du die Worte auch im Freundeskreis?	☐	☐	☐

Test: Welchen Sprachstil hast du? 2/2

Auswertung:

Zählt die Punkte eures Partners pro Bereich (1, 2 ...) zusammen:

sehr = 3 Punkte | **mittel = 2 Punkte** | **gar nicht = 1 Punkt**

In welchem Teil hat er die meisten Punkte?

1

Teil 1: Wahrscheinlich bist du im Freundes- und Familienkreis ein richtig guter Unterhalter. Aber bei „offiziellen" Anlässen, wie Referaten, Vorstellungsgesprächen etc., solltest du deine Gedanken vorher sammeln und überlegen, wie du sie auf den Punkt bringen kannst.

2

Teil 2: Was du sagst, ist meistens nur die Spitze des Eisbergs. Du könntest noch öfter mitteilen, was du denkst. Sonst kann es passieren, dass du dich übergangen fühlst oder dass es zu Missverständnissen kommt.

3

Teil 3: Du bist ein rücksichtsvoller Mensch. Das ist auch gut so. Es könnte aber passieren, dass du hin und wieder Unsicherheit ausstrahlst und man dich darum übergeht oder dir „über den Mund fährt". Prüfe einmal, wo du auf den Konjunktiv, Rückfragen etc. verzichten kannst, weil du voll hinter dem stehst, was du sagst.

4

Teil 4: Dein Redestil vermittelt Sicherheit und den Eindruck, dass du genau weißt, wovon du sprichst. Es könnte allerdings auch passieren, dass man dich durch deine Bestimmtheit für arrogant und überheblich hältst. Achte einmal darauf, ob manchmal vielleicht etwas mehr Diplomatie angebracht wäre.

5

Teil 5: Du wirkst auf andere kompetent und gebildet. Aber passiert es dir vielleicht manchmal, dass dein Gegenüber dich nicht versteht? Fremdwörter sind nicht immer angebracht. Passe auf, dass du deinen Gesprächspartner nicht hin und wieder abhängst.

Informationen nach: www.vnr.de/b2b/kommunikation/erkennen-sie-ihren-sprachstil.html

Aufgabe

Diskutiert mit eurem Partner, inwieweit ihr findet, dass das Ergebnis zutrifft, und ob ein Beherzigen der Tipps zu noch mehr kommunikativer Kompetenz verhelfen könnte. Oder ist euer Sprachstil gar nicht dabei? Wie würdet ihr ihn dann beschreiben?

Wer zusammengehört, hat eine eigene Sprache

Eine Dame spaziert durch den Supermarkt und ruft den Herrschaften um sich herum launige Bemerkungen zu, während sie Kalorienreiches in ihren Einkaufswagen packt.
„Diekseebrücke", sagt ein Vater zu seinem Sohn, als sie sie bemerken. Die Dame hört das auch. Aber warum sich der Kleine im Anschluss kaputtlacht, das weiß sie nicht. Ganz einfach: Einmal, als der Vater mit seinem Sohn am Dieksee unterwegs war, hatte eine Gruppe von Damen auf einem Steg gerade die Gelegenheit genutzt, einen kurzen Snack zu sich zu nehmen. Der ganze Steg war voll von rundlichen, schnatternden Damen. Seither gibt es eine bestimmte Kategorie von Damen, die Vater und Sohn so bezeichnen: Diekseebrücke.

Zwei Freundinnen mit literarischem Interesse hören bei Songtexten gerne genau hin. Einmal sind sie auf dem Konzert einer Schülerband, die sich zwar vollkommen verausgabt, deren Texte sich jedoch anhören, als seien sie aus 20 anderen schnulzigen Liedern zusammengestückelt. Mehrfach fällt das Wort „Summerrain", weil in den Liedtexten an lauen, regnerischen Sommerabenden heftige Liebesgefühle mit einem Einschlag von Melancholie gehegt werden. Eine der beiden Freundinnen sagt richtig voraus, dass sicher noch auf „in vain" gereimt wird. Als bei einer ähnlichen Veranstaltung wenig später erneut das Wort „Summerrain" fällt, geht es endgültig in den Wortschatz der beiden über, und zwar für alles, was in literarischer Hinsicht zu platt von zu großen Gefühlen berichtet – gewollt, aber nicht gekonnt. Eine Gedichtzeile wie „Ich finde dich so wunderschön / ich würde gerne zu dir geh'n" würde beispielsweise in diese Kategorie fallen.

Diese Beispiele zeigen, wie Gruppen (Paare, Freunde, Kollegen, Klassenkameraden, Familien ...) ganz automatisch ein eigenes Vokabular/eine eigene Sprache erfinden, die auf dem speziellen gemeinsamen Erfahrungsschatz aufbaut und die andere im Zweifelsfall nicht verstehen können. Es handelt sich praktisch um Kurzformen, mit denen man gemeinsame Erlebnisse, miteinander geschaffene Kategorien usw. abrufen kann. Sie werden gerne eingeleitet mit „Ich sag' nur ...".

Aufgaben

1. **Überlege dir Beispiele dafür, wo auch du solche „Vokabeln" verwendest.**

2. **Schreibe die Geschichte dazu auf, wie es zu dieser „Formel" kam, und lies sie der Klasse vor.**

Der ganze Körper spricht

Was man mit Worten sagt, ist das eine. Das andere, was man sich weniger bewusst macht, ist, dass die Mimik immer mit kommuniziert. Mehr noch: Der ganze Körper „spricht Bände“.

Und nicht immer sagen Mund und Körper das Gleiche ...

Aufgaben

1. Beschreibt in der Klasse, was euch Mimik und Körpersprache über die abgebildeten Personen verraten. Ihr dürft auch interpretieren.

2. Diskutiert: Was könnten die Personen gerade sagen? Was würde gar nicht passen?

3. Suche dir einen Partner. Denkt euch kleine Szenen aus, die sich zwischen zwei Menschen abspielen: Eine Trennung findet statt, eine Lüge fliegt auf, jemand erklärt seine Liebe ... Spielt die Handlung den Klassenkameraden als Pantomime vor. Finden sie heraus, was passiert?

4. Arbeite weiter mit deinem Partner zusammen. Setzt euch einander gegenüber, und experimentiert mit Körperhaltungen: Wendet euch einander zu oder voneinander ab, verschränkt die Arme, oder lasst sie locker hängen ... Beschreibt, was ihr jeweils empfindet, wenn der Partner eine bestimmte Körperhaltung einnimmt. Könnt ihr erklären, warum ihr euch so fühlt?

Gebärdensprache – stumme Worte 1/2

Bildet 3er-Gruppen. Denkt euch einen kurzen Text aus. Versucht, ihn in möglichst eindeutige Gebärden zu übersetzen. Führt diese der Klasse vor.

- **Können eure Mitschüler erraten, was ihr sagen wollt?**
- **An welchen Stellen gibt es Probleme? Warum?**
- **Wie könnte man bei solchen Problemen Abhilfe schaffen?**

Was könnten diese Gesten bedeuten?

Was weißt du über Gebärdensprache?

	wahr	falsch
a) Gebärdensprache wird ausschließlich mit den Händen artikuliert.	☐	☐
b) Mit Gebärdensprache lässt sich nicht so viel sagen wie mit Lautsprache.	☐	☐
c) Gebärdensprachler verwenden gerne Spitznamen für Menschen.	☐	☐
d) Die deutsche Gebärden- und Lautsprache haben die gleiche Grammatik.	☐	☐
e) Inhalte in Gebärdensprache zu vermitteln, dauert höchstens genauso lange wie in Lautsprache.	☐	☐
f) Gebärdensprache ist dreidimensional.	☐	☐
g) Bei Kindern von Gehörlosen findet der Spracherwerb später statt.	☐	☐
h) Früher mussten gehörlose Kinder in der Schule auf ihren Händen sitzen, damit sie nicht kommunizieren.	☐	☐
i) Gehörlose unterbrechen sich gegenseitig so oft wie Menschen, die Lautsprache sprechen.	☐	☐
j) Bei linkshändig Gebärdenden kommt es schnell zu Kommunikationsstörungen.	☐	☐
k) Es gibt Gehörlosenchöre.	☐	☐
l) Die Gebärden stellen meistens Buchstaben dar.	☐	☐
m) Bei der Gebärdensprache gibt es keine Dialekte.	☐	☐
n) Man kann sich auch mit den Händen versprechen.	☐	☐
o) In der Gebärdensprache gibt es keine Anglizismen.	☐	☐

Aufgabe

Suche dir einen Partner. Entscheidet gemeinsam, ob die oben genannten Behauptungen über Gebärdensprache richtig oder falsch sind.

Gebärdensprache – stumme Worte 2/2

Lösungen

a) Falsch. **Mimik sowie Körperhaltung** spielen ebenfalls eine große Rolle. Blickrichtung, Bewegung der Augenbrauen etc. sind aussagekräftig. Bei den Händen sind übrigens Handform, -stellung und Bewegung entscheidend.

b) Falsch. Selbst **komplexe Sachverhalte,** wie die Quantenphysik, lassen sich problemlos in Gebärdensprache übermitteln.

c) Richtig. So wird jemand, der wenig Haare hat, „Glatze" genannt, wer dick ist, „Bauch". Der Außenminister Guido Westerwelle wird z.B. mit einer sich kratzenden Gebärde am Gesicht bezeichnet – wegen seiner schlechten Haut.

d) Falsch. Die Gebärdensprache hat eine **eigene Grammatik**, beispielsweise steht das Verb immer am Ende („Ich kaufe ein Buch" – „Ich Buch kaufe"). Außerdem nehmen Verben keine unterschiedlichen Zeitformen an, diese werden vorab signalisiert.

e) Richtig. In Gebärdensprache können **mehrere Informationen gleichzeitig** vermittelt werden, z.B. gibt es eine einzige Gebärde für „Das Auto fährt schnell um die Ecke." So wird der Satz sogar schneller verstanden.

f) Falsch. Sie ist **vierdimensional** und wird in Höhe, Breite, Tiefe und hinsichtlich der Zeit zwischen den einzelnen (Teil-)Zeichen artikuliert. Wer sagen will: „Ein Mann besucht eine Frau", kann Mann (A) und Frau (B) je einen Platz zuweisen und dann einfach von A nach B weisen.

g) Falsch. Schon mit sechs Monaten beginnt ein Säugling, mit Gesten zu „brabbeln", langsam filtert er dann die sinnvollen heraus. Mit zwölf Monaten beherrscht er vor allem Zeigegesten, es folgen Namen und dann Pronomen.

h) Richtig. Und auch heute gehen die Lerninhalte an ihren Bedürfnissen vorbei: Sie sollen in der Schule vor der Gebärdensprache das Lippenlesen lernen, um ihre Lautsprache sprechenden Mitmenschen zu verstehen.

i) Falsch. Sie unterbrechen sich nur, wenn sie sich heftig streiten.

j) Falsch. Die Gebärdensprachler stellen sich dann ganz automatisch darauf ein.

k) Richtig. Viele gleichzeitig Gebärdende schaffen ganze „Sinfonien". Das könnt ihr euch anschauen: Gebt einfach bei YouTube® „Gehörlosenchor" ein.

l) Falsch. 40 % der Gesten sind bildhaft, und auch ansonsten wird schnell eine bestimmte Geste mit Wiedererkennungseffekt verwendet, sobald alle wissen, worum es sich handelt.

m) Falsch. Auch bei den Gehörlosen gibt es **Dialekte**. Die stärksten Unterschiede in Deutschland gibt es beispielsweise zwischen Norden und Süden. Vor allem an den Zeichen für Wochen- und Monatstage erkennt man die Herkunft eines Sprechers. Beispielsweise legt man im Süden die Hände für „Sonntag" flach aneinander. Diese Geste kommt vom sonntäglichen Kirchgang. Im Norden streicht man sich dagegen mit flacher Hand über den Brustkorb – um die feine Sonntagskleidung zum Symbol zu machen.

n) Richtig. Beispiele wären die Wörter „Langarbeitszeitlose" oder „Verhängnisverhütung", bei denen die Gesten vertauscht wurden.

o) Falsch. Auch für beispielsweise „Flatrate" und „Assessment-Center" müssen Gebärden gefunden werden.

Informationen nach: Achilles, Ilse u. Pighin, Gerda: Vernäht und zugeflixt! Von Versprechern, Flüchen, Dialekten & Co. Duden Verlag, 2008. S. 162–179.

Streng geheim – sprachliche Codes

Buchstabe	Häufigkeit (in %)
a	6,51
b	1,89
c	3,06
d	5,08
e	17,40
f	1,66
g	3,01
h	4,76
i	7,55
j	0,27
k	1,21
l	3,44
m	2,53
n	9,78
o	2,51
p	0,29
q	0,02
r	7,00
s	7,27
t	6,15
u	4,35
v	0,67
w	1,89
x	0,03
y	0,04
z	1,13

Seit es die Schrift gibt, gibt es auch das Bedürfnis, Inhalte zu verschlüsseln, damit nicht jeder ein bestimmtes Schreiben lesen kann. Dazu kann man sich der Kryptologie (griech., krypto = geheim; logos = Wort, Sinn, Gedanke; = Wissenschaft für Informationssicherheit) bedienen.

Die älteste und einfachste Verschlüsselungstechnik hat jüdische Wurzeln und heißt „Altbasch". Hier wird der Abstand jedes Buchstabens des Alphabets vom A aus gezählt, und dann wird er durch den Buchstaben ersetzt, der den gleichen Abstand vom Z aus gezählt hat: A durch Z, B durch Y usw.

Einen ähnlichen Code entwickelte der römische Feldherr und Diktator Julius Cäsar (100–44 v. Chr.). Er ersetzte jeden Buchstaben durch den, der im Alphabet drei Buchstaben weiter steht. Das Entschlüsseln eines solchen Textes ist natürlich auch möglich, wenn man die genaue Zahl nicht kennt, um die die Buchstaben „verschoben" werden. Man muss nur wissen, wie häufig welcher Buchstabe des Alphabets vorkommt. Das Vorkommen von Buchstaben in durchschnittlichen deutschen Texten ist in nebenstehender Tabelle aufgeschlüsselt:

Zum Entschlüsseln eines Codes, der auf dem deutschen Alphabet beruht (mit ä = ae usw.), muss man zunächst die häufigsten Buchstaben im Geheimtext zählen. Der am meisten vorkommende wird wohl ein E sein, dann folgt vermutlich ein N usw.

Dann ersetzt ihr die Buchstaben, die ihr herausfinden konntet. Wenn ihr einzelne Wörter herausgefunden habt, könnt ihr dieses Wissen wiederum auf alle entsprechenden Buchstaben im Text anwenden. Oft hilft das Sprachwissen weiter: Könnte z.B. ein Buchstabe, der 2-mal hintereinander im Text steht, ein k sein? Eher nicht, denn im Deutschen gibt es diese Buchstabenkombination nicht. Irgendwann solltet ihr dann das Prinzip des Schlüssels erkennen können.

Informationen nach: www.blinde-kuh.de/geheim/geschichte.html

Aufgaben

1. **Suche dir einen Partner. Verfasst einen kurzen Text (ohne Fremdwörter), und legt einen einfachen Code fest. Chiffriert den Text, und gebt ihn an Mitschüler weiter. Achtet bei Chiffrieren auf Groß- und Kleinschreibung. Entschlüsselt eure Texte gegenseitig.**

2. **Recherchiert im Internet, wie man Texte noch verschlüsseln kann und wo heute noch Texte kodiert werden. Vergleicht eure Ergebnisse in der Klasse.**

3. **Eine besondere Rolle spielte im Zweiten Weltkrieg die Chiffriermaschine „Enigma", mit der die Nationalsozialisten ihre Funksprüche verschlüsselten. Teilt euch in drei Gruppen auf, und informiert euch über**
   a. die historische Bedeutung der Enigma,
   b. den Roman von Robert Harris oder
   c. den Film von Michael Apted.

   Stellt euch gegenseitig eure Ergebnisse in einem kurzen Vortrag vor, den ihr mit Filmausschnitten, Bildern, kurzen Leseproben usw. gestalten könnt.

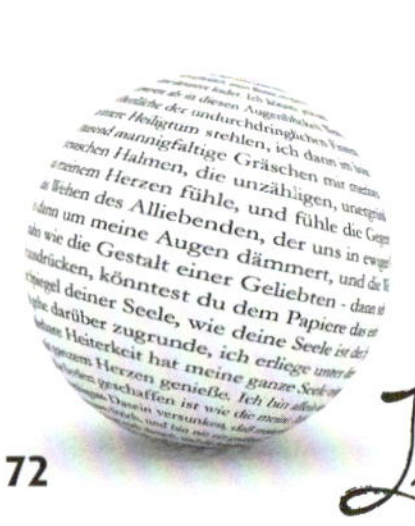

Jeder spricht ganz viele Sprachen

Ist dir schon mal aufgefallen, dass du dich verschiedenen Menschen gegenüber ganz unterschiedlich ausdrückst? Die unterschiedlichen Sprachstile, die man im Alltag verwendet, nennt man **Sprachvarietäten**. Das kann z.B. ein Dialekt sein, aber auch die Jugendsprache ist eine solche Varietät.

An verschiedene Personen haben wir umgekehrt intuitiv ganz unterschiedliche **Erwartungen**, was den Stil betrifft. Würde uns ein potenzieller Arbeitgeber mit „Hi Alter" begrüßen, wären wir, gelinde gesagt, irritiert; ebenso, wenn eine alte Dame, der wir soeben die Einkaufstasche ein Stück getragen haben, sagen würde: „Gib mir fünf, Kumpel". Würde uns ein Freund in der Kneipe hingegen die Hand reichen und uns freundlich einen guten Abend wünschen, wären wir wahrscheinlich nicht weniger erstaunt …

Helft Herrn P.!

Aufgaben

1. **Formuliere die folgenden Sätze jeweils 3-mal, und zwar**
   (a.) an deinen besten Freund,
   (b.) an deinen Vater,
   (c.) an den Direktor deiner Schule.
   - Du hast dein Geld vergessen und möchtest dir drei Euro für ein belegtes Brötchen leihen.
   - Du bist zu spät, weil du den Bus verpasst hast.
   - Du hast eine Bewerbung verfasst und bittest nun darum, dass jemand noch einmal drüberschaut, bevor du sie abschickst.

   Sammelt jeweils einige Vorschläge an der Tafel.

2. **Arbeitet in Kleingruppen. Stellt euch vor, Herr P. wacht eines Morgens auf und hat vergessen, wie man mit wem spricht. Er wechselt ein paar Worte mit seinen Kindern und seiner Frau und geht dann zur Arbeit in einer Bank. Er spricht dort mit Kollegen, dem Chef und einigen Kunden. Allseits sorgt er für große Verwirrung, weil er stets den falschen Tonfall wählt. Verfasst einen kurzen Sketch darüber, und spielt ihn der Klasse vor.**

3. **Verfasst nun eine kleine Broschüre, in der Herr P. nachschlagen kann, wenn er den richtigen Ton treffen will. Dafür könnt ihr auch eure Ergebnisse aus Aufgabe 1 zu Hilfe nehmen. Geht jeweils darauf ein, ob er Umgangssprache verwenden darf, wie höflich er sein muss etc. Erläutert ihm auch, warum. Vergleicht am Schluss eure Ergebnisse.**

Eine Frage des Stils

Vieles, was wir über den richtigen Stil wissen, erkennen wir ganz intuitiv. Das könnt ihr nun unter Beweis stellen.

Paris Hilton in Japan festgesetzt

Las Vegas (dpa) – Böse Überraschung für Paris Hilton: Sie ist in Japan festgesetzt worden – weil sie in den USA vorbestraft ist. Nach Angaben des Internetdienstes „TMZ" wollte die Hotelerbin geschäftlich nach Japan. Sie wurde aber schon am Flughafen in Tokio abgefangen: Weil sie eine Vorstrafe wegen Drogenbesitzes habe, dürfe sie nicht einreisen. Hilton durfte sich aber in einem Hotel am Flughafen einmieten, bis die Sache geklärt ist. Hilton hatte sich zum Kokainbesitz bekannt und war so einer Haftstrafe entgangen.

Quelle: www.ostsee-zeitung.de/nachrichten/vermischtes/aus_aller_welt_artikel_komplett.phtml?param=news&id=2900093

Aufgaben

1. **Wähle dir einen Partner. Sucht euch eine der folgenden Text- bzw. Gesprächsformen aus, und verwandelt die oben stehende Zeitungsmeldung in diese Textform.**
   a. Tragödie
   b. Komödie
   c. Limerick, Witz, Anekdote
   d. Ballade
   e. Artikel in Boulevardzeitung (z.B. Bild, Express)
   f. Artikel in Frauenzeitschrift (z.B. Gala, Bild der Frau)
   g. Artikel in Jugendzeitschrift (z.B. Bravo)
   h. Telefongespräch zwischen zwei Freundinnen von Paris
   i. Gespräch zwischen den japanischen Flughafenbeamten, die Paris festsetzten
   j. Gespräch zwischen zwei alten Damen, die den Bericht gelesen haben

2. **Präsentiert euer Ergebnis dann der Klasse, und prüft jeweils gemeinsam, ob der Stil angemessen war.**

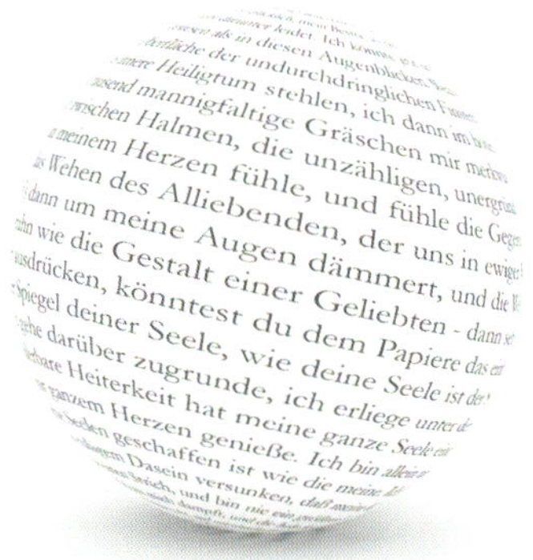

Kapitel 6

Was Sprache kann – oder auch nicht

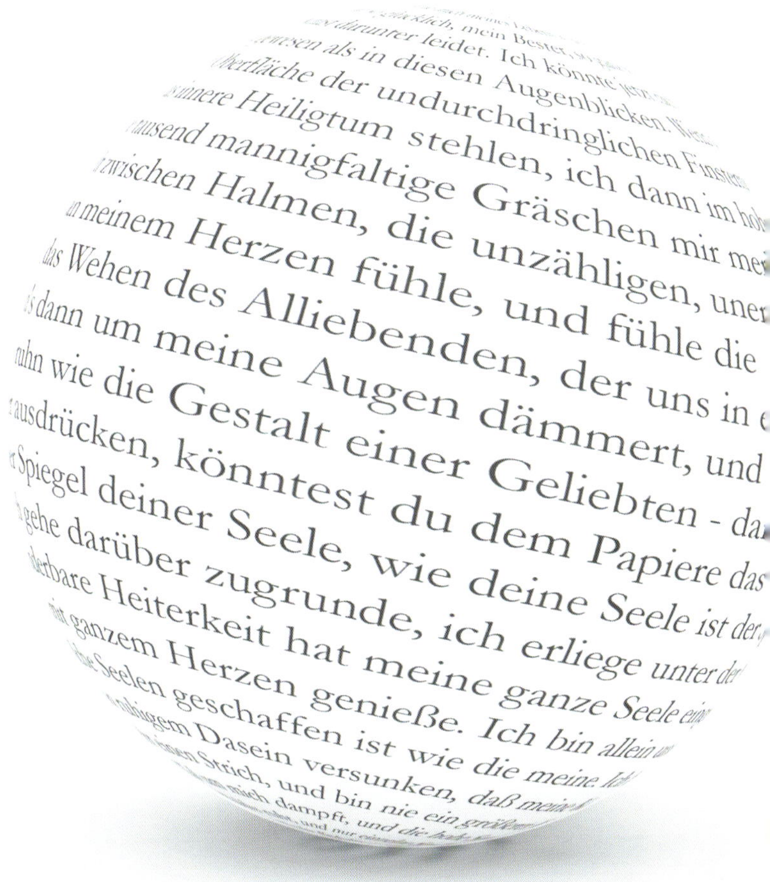

Hokuspokus – Sprachmagie

Zauberei ist so aktuell wie eh und je: In Frankfurt musste sich 2010 eine nigerianische Voodoo-Anhängerin vor Gericht verantworten, weil sie Frauen aus ihrer Heimat mit Voodoo-Zaubersprüchen eingeschüchtert und dann in Bordellen untergebracht haben soll.

In Russland machen Hexen, Magier und andere Menschen mit angeblich übersinnlichen Fähigkeiten in den Medien Reklame, versprechen Heilung von Liebeskummer, das Auffinden gestohlener Autos und vieles mehr – und ziehen ihren Landsleuten damit so erfolgreich das Geld aus der Tasche, dass die Regierung gegen sie vorgehen muss. **Zaubersprüche** üben eine im wahrsten Sinne des Wortes magische Anziehungskraft aus – nicht zuletzt der Erfolg von Harry Potter zeugt davon.

Der Glaube an die **Kraft der Sprache** ist tief im Menschen verwurzelt. Religionen setzen auf sprachliche **Rituale**, die die Gemeinden verbinden und an die Götter appellieren sollen; das Vaterunser ist ein Beispiel dafür. In der Lehre der jüdischen Kabbala haben Buchstaben, allen voran der Name Gottes, eine geheime magische Kraft, die ein Eingeweihter entfesseln kann. Auch die deutschen Romantiker, beispielsweise der Dichter Novalis, glaubten an eine solche Ebene der Sprache.

Mannschaften im Sport oder auch Pfadfinder entwickeln „Schlachtrufe" und andere Rituale, um das Gemeinschaftsgefühl zu stärken und den Gegner einzuschüchtern oder zu schwächen.

Einer der sagenumwobensten Zauberer ist sicherlich Merlin, hier in einer Illustration aus dem 15. Jahrhundert

Aufgaben

1. **Bildet Kleingruppen. Sucht euch einen der folgenden Bereiche aus, und sammelt Beispiele, ggf. auch durch Recherche im Internet:**
   a. Zaubersprüche in Literatur, Märchen, etc.
   b. Sprachliche Rituale in verschiedenen Religionen
   c. Sprachliche Rituale in Vereinen etc.

2. **Arbeitet die sprachlichen Merkmale eurer Beispiele heraus. Welche Gemeinsamkeiten haben sie?**

3. **Tragt eure Beispiele der Klasse vor, und vergleicht die Ergebnisse eurer Analyse. Wodurch zeichnen sich eure „Funde" sprachlich aus; welche Unterschiede und welche Gemeinsamkeiten gibt es? Welche Effekte haben die sprachlichen Merkmale?**

4. **Was würdest du selbst gern mal weg- oder herbeizaubern? Denke dir eigene Zaubersprüche aus, die die zuvor erarbeiteten Merkmale aufweisen. Wer erfindet den klangvollsten Zauberspruch?**

Sprechen ist Handeln

Was tust du eigentlich, wenn du sprichst – abgesehen davon, dass du deine Sprechorgane auf Trab hältst? Du teilst dich mit, natürlich. Aber in welcher Funktion?

Der Sprachwissenschaftler John Austin (1911–1960) hat sich darüber Gedanken gemacht. Er stellte fest, dass „Sprechakte“ manchmal auch direkte Handlungen sind: Mit dem „Ja“ vorm Traualtar gehen Menschen den Bund der Ehe ein, mit dem Ausdruck „Ich taufe ...“ nehmen sie jemanden in die Geimeinde auf, und mit „Ich vermache ...“ vererben sie etwas. Wenn jemand solche direkten Sprechakte ausspricht, tut er etwas, was sich nicht einfach als „etwas sagen“ bezeichnen lässt.

Auch weniger direkt kann man mit dem, was man spricht, etwas tun. „Saukalt hier“ kann beispielsweise eine Aufforderung sein, das Fenster zu schließen; „Ich hab' meine Kohle vergessen“ eine Bitte, Geld vorzustrecken. Das Gelingen solcher „indirekter Sprechakte“ setzt natürlich voraus, dass der Hörer versteht, was wirklich gemeint ist.

Austin unterscheidet drei Aspekte aller Sprechakte. Sie sind:

- „lukutionär“: Der Sprecher äußert einen Satz und bringt damit einen Inhalt zum Ausdruck, der sich mit einem dass-Satz wiedergeben lässt.
- „illokutionär“: Der Sprecher vollzieht mit diesem Satz eine konventionell festgelegte Handlung: Er stellt z.B. eine Behauptung auf, verspricht etwas, spricht eine Warnung aus etc.
- „perlokutionär“: Der Sprecher erzielt beim Adressaten eine bestimmte Wirkung. Er kann sich erschrecken, beruhigen, eine Handlung vollziehen etc. Wenn er z.B. sagt, „Der Hund ist bissig“,
  - → sagt er, dass der Hund zum Beißen neigt,
  - → warnt er vor dem bissigen Hund,
  - → hält er den Adressaten davor zurück, sich dem Hund zu nähern.

Informationen nach: Newen, Albert u.a.: Einführung in die Sprachphilosophie. WBG, 2008. S. 40 ff.

Aufgaben

1. Setze dich mit einem Partner zusammen. Sammelt gemeinsam Beispiele für Sprechakte, die direkte Handlungen sind. Diskutiert in der Klasse, ob eure Beispiele richtig sind.
2. Sammelt in Kleingruppen jeweils sechs Äußerungen, die ihr heute oder gestern gesagt oder gehört habt, und untersucht, worin pro Äußerung die drei oben genannten Aspekte bestehen. Was ist die inhaltliche Aussage, welche Handlung wird mit dem Satz vollzogen, und was bewirkt sie (im Idealfall) beim Adressaten?
3. Viele Sprechakte werden indirekt ausgeübt. Was meint ihr, warum das so ist? Welche Vorteile, welche Nachteile kann das haben? Überlegt gemeinsam.

Die Lehre von der Argumentation

Jeder argumentiert Tag für Tag, oft, ohne es überhaupt zu merken. Im Alltag müssen viele Entscheidungen getroffen werden, und meist trifft man sie nicht alleine. Wohin gehen, welches Produkt kaufen, wie handeln? Oft genug gilt es, eine andere Person von seiner Ansicht zu **überzeugen**. Und dabei kommt es auf die **richtige Wortwahl** und die **richtige Struktur** an.

Welche Argumente bzw. Gegenargumente im **Rahmen des Möglichen** sind, das wissen wir meistens **intuitiv**. Würde eine Frau auf den Vorschlag ihres Mannes hin, ein besonders teures Auto anzuschaffen, sagen: „Das Geld wäre besser investiert, wenn wir es in unsere Altersvorsorge stecken würden", so würde er sicherlich ins Grübeln geraten. Entgegnete sie hingegen: „Das lohnt sich doch gar nicht mehr bei deinem Alter, für das Geld kann ich dir einen schönen Grabstein besorgen", so läge dieses Argument klar jenseits des gesellschaftlich Akzeptablen.

Die **Lehre von der Argumentation** hat sich in der Antike vor Gericht entwickelt. Der Kern der vor Gericht noch immer betriebenen so genannten „forensischen Rhetorik" sieht wie folgt aus: Im Verfahren über den strittigen Sachverhalt muss jede Partei Argumente **pro** ihren eigenen bzw. **contra** den Standpunkt des Gegenübers suchen. Diese Argumente sollen aus dem Streitgegenstand gewonnen werden, also sachlich **fundiert** sein, und **strategisch angeordnet** und **gezielt eingesetzt** werden. Wer eigene Argumente darlegen will, gibt zunächst mit eigenen Worten das zuvor Gesagte wieder.

Die Streitenden müssen zudem möglichst **überzeugend** wirken: Man wusste auch schon in der Antike, dass Wahrheit relativ ist. Letztlich geht es darum, mit geeigneten Mitteln die eigene Position durchzusetzen.

_ *Begründer der Argumentationslehre: Platon (428–348 v. Chr.)*

_ *Informationen nach: Kolmer, Lothar u. a.: Studienbuch Rhetorik. Verlag Ferdinand Schöningh, 2002. ISBN 978-3-825-22335-9. S. 147 ff.*

Aufgaben

1. **Tauscht euch in der Klasse aus:**
   a. Wann habt ihr durch gute Argumente eine für euch wichtige Entscheidung beeinflusst? Wie habt ihr dabei argumentiert?
   b. Wann ist es euch nicht gelungen, euer Gegenüber zu überzeugen? Hättet ihr vielleicht besser argumentieren können?
   c. Welche für euch wichtigen Entscheidungen stehen aus? Wie könntet ihr argumentieren, um eure Position zu verdeutlichen?

2. **Übt im Rollenspiel, die in Aufgabe 1c genannten noch ausstehenden Entscheidungen überzeugend vorzutragen und zu begründen. Ihr könnt auch vergangene Situationen „korrigieren".**

Die Zugspitztoten: Ein Fall vor Gericht

Bei einem Extremlauf auf der Zugspitze, Deutschlands höchstem Berg, kamen 2008 zwei Sportler ums Leben. Neun weitere landeten wegen Unterkühlung im Krankenhaus. Denn obgleich die Schneefallgrenze schon unter 2000 Metern lag, waren viele in kurzen Hosen und T-Shirts sowie ohne Regenschutz aufgebrochen. Ab dem Mittag sanken die Temperaturen, es schneite, und Windböen kamen auf. Der Organisator des Laufs wurde wegen fahrlässiger Tötung und Körperverletzung angeklagt, und der Fall landete vor Gericht. Die Staatsanwaltschaft forderte eine hohe Geldstrafe. Die Verteidigung plädierte für einen Freispruch. Die Umstände, die bei der Verhandlung eine Rolle spielten, waren:

- Der Veranstalter hatte 2007 auf Grund der Wetterverhältnisse den Lauf verkürzt, dieses Mal nicht.
- Er hatte die Teilnehmer auf die Möglichkeit des Schneefalls aufmerksam gemacht und sie aufgefordert, passende Kleidung zu tragen.
- Er sprach offenbar niemanden explizit darauf an, dass er unpassende Kleidung trage.
- Über die akuten Wetterverhältnisse erhielt er erst Kenntnis, als die beiden Läufer bereits an der letzten Kontrollstelle vorbeigekommen waren.
- Bei beiden Toten wurden nach der Autopsie leistungssteigernde Mittel nachgewiesen.
- Experten nannten als Gründe für die Tragödie die Durchführung des Laufs, die Kleidung der Teilnehmer, die Witterung und zu viel sportlichen Ehrgeiz.

Informationen nach: www.br-online.de/aktuell/zugspitzlauf-zugspitz-lauf-prozess-ID1258622790141.xml

Leitfragen Staatsanwalt und Verteidiger

- Welche Argumente habt ihr?
- Welche Argumente wird die Gegenseite wohl bringen? Wie könnt ihr diese entkräften?
- Wie könnt ihr eure Argumente sprachlich angemessen verpacken und vortragen?
- Was können die Parteien in einem abschließenden Plädoyer sagen? (Wichtige Schlagwörter könnten dabei „Verantwortung" sowie „Eigenverantwortung" sein.)

Leitfragen Richter

- Wie würdet ihr den Fall vor der Anhörung der anderen Gruppen bewerten?
- Welche Tatbestände (= Gesetzesverstöße) könnten eurer Meinung nach vorliegen?
- Welche Kriterien sollten für die Urteilsfindung eine Rolle spielen?

Aufgaben

1. Überlegt gemeinsam in der Klasse: Was wirft die Staatsanwaltschaft in dem oben skizzierten Fall dem Veranstalter wohl vor?

2. Spielt den Fall vor Gericht nach. Ihr braucht dafür den Staatsanwalt als Ankläger, die Verteidiger des Veranstalters und die Richter, die am Ende die Entscheidung treffen für die Partei, deren Argumente sie überzeugender fanden (im wirklichen Leben müssten sie natürlich zusätzlich die Gesetzeslage prüfen). Bereitet euch in Gruppen gut auf eure Rollen vor.

3. Wie geht eure Verhandlung aus?

© Verlag an der Ruhr | Autorin: Antje Lehbrink | ISBN 978-3-8346-0744-7 | www.verlagruhr.de

Sprache, Macht und Vorurteile

Sprachliche Diskriminierung ist jene Form von Sprachgebrauch, bei der eine andere Person oder Gruppe von einzelnen Personen bewusst oder unbewusst herabgesetzt, abgewertet, beleidigt, angegriffen etc. wird. Wenn eine Frau nicht als „Blondine", eine Freundin nicht als „Negerin", ein Kollege nicht als „Zigeuner" bezeichnet werden will, so ist das zu respektieren. Diskriminierung ist umso menschenverachtender, je systematischer, d.h. kontinuierlicher und zielgerichteter, sie auftritt und je mehr sie politisch bzw. ideologisch gerechtfertigt wird. Immer stellt ein solches Verhalten die Würde der Menschen und das Menschenrecht auf Gleichbehandlung in Frage.

Sprachliche Vorurteile sind – oft auf negativen Einstellungen basierende – hochgradig verfestigte, generalisierende und nur auf Minimalinformationen beruhende Urteile oder Aussagen über Personen, Gruppen, Objekte usw. Sie dienen unterschiedlichsten Funktionen: der Informationsverarbeitung in einer komplexen Umwelt; der Bildung, Stabilisierung und Aufrechterhaltung von Gruppenidentitäten (durch Identifikation mit deren sprachlichen und anderen Symbolen, deren Werte, Normen und Bewertungen usw.); der politisch und ideologisch motivierten Bildung von Gruppenhierarchien (Eigen- und Fremdgruppen); oder dem individuell und emotional motivierten Abbau von Aggressionen und Frustrationen usw. Der wesentlichste Unterschied zu Klischees und Stereotypen ist die im Vorurteil zum Ausdruck kommende negative Bewertung bzw. Geringschätzung der davon betroffenen Menschen.

_ *Quelle: www.eduhi.at/dl/MachtSprache.pdf*

Aufgaben

1. **Sammelt gemeinsam in der Klasse Beispiele für sprachliche Vorurteile. Habt ihr schon Fälle erlebt, in denen diese den gemeinten Personen gegenüber geäußert wurden? Oder habt ihr sie vielleicht selbst geäußert? Was ist dann geschehen?**

2. **Diskutiert darüber, mit welcher Motivation/aus welchem Grund die von euch genannten Beispiele jeweils verwendet werden könnten.**

3. **Überlegt gemeinsam: Was hat Sprache in Zusammenhang mit dem oben Erläuterten mit Macht zu tun?**

4. **Suche dir einen Partner. Wählt eines der gefundenen Beispiele, und verfasst gemeinsam einen kurzen Redebeitrag, mit dem ihr das Vorurteil entkräftet.**

Propaganda 1/2

Wie die DDR Sprache zur Propaganda nutzte

Rolf Schneider

(…) Die Nazis liebten den Superlativ. Die DDR verfuhr ebenso. Man kannte die Höchstleistung, Wandzeitungen stellten per Name und Foto „Unsere Besten“ aus, und es gab die angestrengte Umschreibung von Superlativen, so in der ständigen Verwendung der Begriffe hervorragend und Held. Es gab den Helden der Arbeit, es gab die Helden des Widerstands, es gab, auch als Medaille, den Helden der Deutschen Demokratischen Republik. Helden waren allgegenwärtig.
Und wie wurde man zu einem solchen? Indem man sich ständig verbesserte: in seinen Leistungen, in seinen Überzeugungen. (…) Man wollte immer produktiver, besser, parteilicher, stärker, kämpferischer, eifriger, schneller, sozialistischer, schöpferischer, geschlossener, größer sein, üblicherweise intensiviert durch das vorangesetzte Adverbium noch.

Der allgegenwärtige Begriff „Klassenfeind“

Die Abgrenzung gegenüber der übrigen Welt erfolgte mit anderen verbalen Mitteln, so der Verwendung des herabsetzend gemeinten Begriffes Klassenfeind. Dieses in der Propaganda allgegenwärtige Wort ist, für sich genommen, ein Unding, da es die Klasse, der hier jemand feindlich sein soll, gar nicht benennt. Gemeint ist die Arbeiterklasse und auch da nicht irgendeine Arbeiterklasse, sondern die in den sozialistischen Ländern und da zumal in der DDR, wo sie angeblich die siegreiche, die herrschende Klasse stellte, vermittels der politischen Partei SED, die sich als Partei der Arbeiterklasse verstand. (…)

Auch der Westen war nicht wählerisch

Der Klassenfeind hingegen lebte im politischen Westen. Er war der Westen. (…) Der Westen war in seiner Wortwahl auch nicht eben wählerisch, Schandmauer, bloß als Beispiel, klingt nicht vornehm, aber es kam der Realität deutlich näher als der Klassenfeind. (…)

Quelle: www.welt.de/debatte/kolumnen/article6975846/Wie-die-DDR-Sprache-zur-Propaganda-nutzte.html

Verfasst zu zweit eine Definition von „Propaganda“. Schlagt dann in einem Lexikon nach, und ergänzt eure Definition, bzw. formuliert sie um.

Medaille für den Helden der DDR

Aufgaben

1. Mit welchen sprachlichen Mitteln wurde in der DDR Propaganda betrieben, und welche Beispiele lassen sich dafür nennen? Was meinst du – welchen Effekt konnten diese Mittel beim „Volk“ erzielen?

2. Arbeitet in Kleingruppen. Findet heraus, was für den Sprachgebrauch im Nationalsozialismus typisch war, und verfasst darüber einen Zeitungsartikel. Informationen findet ihr z.B. bei wikipedia oder hier: http://geschichte-wissen.de/zeitgeschichte/55-das-3-reich-zweiter-weltkrieg/123-die-sprache-des-nationalsozialismus.html

Propaganda 2/2

Auf der Webseite der „Welt" ist zu dem auf der ersten Seite befindlichen Zeitungsartikel ein Kommentar zu lesen, in dem ein Leser die Beobachtungen von Rolf Schneider hinterfragt.

Er führt aus, dass die „Propagandasprache" der SED nichts mit der Alltagssprache zu tun gehabt habe, die von den Bürgern in der DDR gesprochen wurde. Neben Parteiveranstaltungen sei sie selbst in Schulen nur bei inszenierten Veranstaltungen oder zur Einleitung von Aufsätzen benutzt worden. Normalerweise hätten sich die Menschen nur über diese Ausdrucksweise lustig gemacht, z.B. indem Begriffe wie „Klassenfeind", die herabsetzend gemeint sein sollten, durch Übertreibung ins Lächerliche gezogen wurden: die häufig im Alltag gebrauchte Abkürzung für den Begriff lautete „BBKF – bitter-böser-Klassenfeind". Diese Art, mit der Sprache von Politikern umzugehen, sei auch heute noch üblich, und zwar immer, wenn sich Politiker Wortungetüme schafften, um ihre Aussagen möglichst eindrucksvoll klingen zu lassen.

_ *Informationen nach: www.welt.de/debatte/kolumnen/article6975846/Wie-die-DDR-Sprache-zur-Propaganda-nutzte.html*

Mit dem Phänomen der „missbrauchten Wörter" beschäftigt sich auch die Gesellschaft für deutsche Sprache: In Deutschland wird seit 1991 regelmäßig das „Unwort des Jahres" gewählt. Gesucht werden dabei Wörter oder Formulierungen der öffentlichen Kommunikation, die sachlich sehr unangemessen sind und möglicherweise die Menschenwürde verletzen. Die Wörter können aus Politik, Verwaltung, Wirtschaft, Technik, Wissenschaft, Kulturinstitutionen oder Medien stammen. Hier sind einige Beispiele:

2010 → ALTERNATIVLOS
2009 → BETRIEBSRATVERSEUCHT
2008 → NOTLEIDENDE BANKEN
2007 → HERDPRÄMIE
2006 → FREIWILLIGE AUSREISE

_ *Informationen nach: www.gfds.de/aktionen/wort-des-jahres/unwoerter-des-jahres*

Aufgaben

1. **Bildet vier Gruppen. Jede Gruppe sucht sich eines der oben stehenden „Unwörter" heraus, und beantwortet folgende Fragen:**
   a. Welchen Umstand bezeichnet das „Unwort"?
   b. Mit welcher Begründung wurde es zum „Sieger" gekürt? Tipp: Wenn ihr das Unwort und das Schlagwort „Unwort des Jahres" in einer Suchmaschine eingebt, werdet ihr schnell fündig, z.B. auf den Seiten www.spiegel.de oder www.welt.de

2. **Im „Lexikon der Unwörter" finden sich weitere mögliche Kriterien, die „Unwörter" kennzeichnen:**
   a. die Absicht zu verletzen: z.B. „Wohlstandsmüll" für Arbeitsunwillige/-unfähige
   b. der Mensch als Sache und/oder Katastrophe: z.B. „Asylantenflut"
   c. die Absicht, zu täuschen: z.B. „mindergiftige Stoffe" für durchaus Giftiges
   d. die Absicht, zu beschönigen: z.B. „Flexibilisierung des Arbeitsmarktes" für weniger Festanstellungen

_ *Informationen nach: Schlosser, Horst Dieter: Lexikon der Unwörter. Bertelsmann, 2000.*

Findet ihr selber weitere „Unwörter", die in diese Kategorien gehören? Ihr könnt dazu gemeinsam Tageszeitungen, Werbemittel, Parteiprogramme usw. durchforsten. Ihr könnt auch eine Umfrage machen und dabei Unwörter (und Begründungen!) sammeln.

Die Angst vor dem gedruckten Wort 1/2

Bücherverbrennungen bringt man heutzutage meist mit dem Nationalsozialismus in Verbindung, wo sie in Unmengen stattfanden. Es gab sie jedoch schon in der Antike, und sie ziehen sich seither wie ein roter Faden durch die Geschichte der Menschheit.

Warum? Warum haben die Menschen, die diese „öffentlichen Hinrichtungen" inszenieren, so viel Angst vor Buchstaben, Wörtern, Sätzen, die zwischen zwei Buchdeckeln stehen? Und wie können sie so viel Wert darauf legen, deren Vernichtung öffentlich zur Schau zu stellen?

Das Buch „**Fahrenheit 451**" von Ray Bradbury (geb. 1920) aus dem Jahr 1953, benannt nach der Temperatur, bei der Papier sich selbst entzündet, greift dieses Thema auf:

Bradbury schildert darin einen Staat, in dem das Lesen von Büchern als schweres Verbrechen gilt.

Das politische System hält die Bürger klein und unmündig. Mit Drogen und Videos auf großen Leinwänden lenkt man sie, größtenteils erfolgreich, vom Nachdenken ab, denn dieses führt gemäß den Machthabern zu anti-sozialem Verhalten und einer Destabilisierung der Gesellschaft. Bücher gelten als hauptsächlicher Grund für ein nicht-konformes Denken und Handeln.

Feuerwehrmänner spüren Bücher auf und verbrennen sie – unter ihnen Guy Montag, der zunächst scheinbar kritiklos funktionierende Protagonist der Geschichte.

So erklärt Montags Vorgesetzter Beatty ihm die Gefährlichkeit von Büchern: „Ein Buch im Haus nebenan ist wie ein scharf geladenes Gewehr. Man vernichte es. Man entlade die Waffe. Man reiße den Geist ab. Wer weiß, wen sich der Belesene als Zielscheibe aussuchen könnte! [...] Es wäre verfehlt, ihnen so glitschiges Zeug wie Philosophie und Soziologie zu vermitteln, um Zusammenhänge herzustellen. Das führt nur zu seelischem Elend. Wer eine Fernsehwand auseinander nehmen und wieder zusammensetzen kann – und wer kann das heute nicht? – der ist glücklicher als wer das Weltall ausmessen und auf eine Formel bringen will, was sich nun einmal nicht tun lässt, ohne dass der Mensch dabei unmenschlich vereinsamt. [...] Wir [die Feuerwehr] stemmen uns gegen die wenigen, die mit ihrem widersprechenden Dichten und Denken den Leuten vor dem Glück stehen."

Und der Literaturwissenschaftler Faber sieht es so: „Sehen Sie nun ein, warum Bücher gehasst und gefürchtet werden? Sie zeigen das Gesicht des Lebens mit all ihren Poren. Der Spießbürger will aber nur Wachsgesichter ohne Poren, ohne Haare, ohne Ausdruck."

Montags Einstellung gerät ins Wanken, als ein junges Mädchen ihn fragt, ob er glücklich sei. Trotz der Worte seines Vorgesetzten lehrt dieses Mädchen Montag die Kunst des Wortes, die Schönheit der Natur und vor allem den Wert des freien Denkens.

Nachdem er seiner Frau ein Gedicht vorgelesen hat, zeigt diese ihn an, und er flieht in die Wälder. Dort trifft er auf eine Gruppe von Menschen, die, von den Medien totgeschwiegen, einmal gelesene Bücher im Gedächtnis bewahren, um sie vor dem Vergessen zu schützen.

Im Krieg wird Montags Stadt zerstört, und die „Bücherbewahrer" kehren zurück, um mit den Überlebenden einen Neubeginn zu wagen.

Quelle: Bradbury, Ray: Fahrenheit 451 aus dem Amerikanischen von Fritz Güttinger. Copyright der deutschsprachigen Ausgabe © 1981, 2008 Diogenes Verlag AG Zürich. S. 67–70 u. 93

Die Angst vor dem gedruckten Wort 2/2

Aufgaben

1. **Diskutiert in der Klasse: Aus welchem Grund bestraft das System, in dem Montag lebt, den Besitz und die Lektüre von Büchern? Wofür stehen sie? Warum können sie der Macht schaden?**

2. **Was meinst du zu Fabers Worten? Kannst du eine gewisse Gültigkeit auch für die „Spießbürger" der heutigen Gesellschaft erkennen? Inwiefern/inwiefern nicht?**

3. **Stelle dir vor, bei einer Konferenz zum Thema „Literatur" wäre Beatty dein Vorredner gewesen. Verfasse eine Rede, die sich auf seine Worte bezieht, und trage sie der Klasse vor. Wovon würdest du das Publikum, insbesondere Guy Montag, überzeugen wollen?**

> *„Dort, wo man Bücher verbrennt, verbrennt man auch am Ende Menschen."*
>
> Heinrich Heine (1797–1856)
> deutscher Schriftsteller

4. **Bildet vier Gruppen. Findet heraus, warum folgende Schriften öffentlich verbrannt wurden:**
   a. 2001: „Harry Potter" (J.K. Rowling), verbrannt von Pastor George Bender
   b. 1988: „Die satanischen Verse" (Salman Rushdie), verbrannt von gläubigen Muslimen
   c. 1933: Gedichte von Else Lasker-Schüler, verbrannt durch die NSDAP
   d. 1773: Werke Christoph Martin Wielands, verbrannt durch den „Göttinger Hainbund"

   Inwiefern hat Heine mit seinem angeführten Zitat recht behalten?

5. **Stellt eure Ergebnisse der Klasse vor, und vergleicht sie mit den Motiven aus „Fahrenheit 451".**

Werbung – Ich bin doch nicht blöd!? 1/2

Arbeitet in Kleingruppen: Sammelt Werbeanzeigen aus Magazinen, Zeitungen etc.

- **Entscheidet zunächst spontan, welche Anzeigen ihr gelungen findet (welche euch ansprechen) und welche nicht. Überlegt dann, warum das jeweils so ist.**
- **Analysiert anschließend den Aufbau der Anzeigen. Welche Elemente gibt es? Was gibt es zum Text zu sagen, was zum Bild? Wie spielt beides zusammen?**
- **Prüft auch, was an den gelieferten Verkaufsargumenten dran ist. Wie wichtig und ratsam ist es, das beworbene Produkt zu erstehen?**

Tragt eure Ergebnisse in der Klasse zusammen. Gibt es Eigenschaften, die viele der Anzeigen teilen? Welche sind das? Lassen sich dadurch gewisse Regeln für Werbung ableiten? Durch welche Eigenschaften stechen einzelne Anzeigen hervor? Positiv oder negativ?

Vereinfachtes Kommunikationsmodell/Modell der Werbung

Sender		*Nachricht*		*Empfänger*
Texter	→	**Aussage**	→	**Zielgruppe**

Sie begegnet uns überall: die Werbung. Was machen die Menschen eigentlich genau, die in der Werbung arbeiten?

Sie beeinflussen die potenziellen Kunden. Sie buhlen um ihr Interesse, um ihre Aufmerksamkeit auf Dinge zu lenken, von deren Existenz sie vielleicht zuvor nicht einmal wussten. Sie liefern Argumente für etwas: Sie wollen davon überzeugen, dass man das Beworbene besitzen, nutzen, tun muss. Sie liefern Informationen und/oder spielen mit den Gefühlen der Zielgruppe, mit ihrem Bewusstsein und/oder Unterbewusstsein.

Sie beamen Bilder und Worte in ihre Köpfe und möchten in den meisten Fällen ein Konsumverhalten auslösen. Ob der Käufer die beworbenen Dinge wirklich benötigt, steht jedoch auf einem ganz anderen Blatt.

Um möglichst viele Menschen erfolgreich zum Kaufen zu animieren, müssen sie die Kunden möglichst genau kennen. Sie müssen wissen, wen sie wie ansprechen wollen, was sie bewerben, welche Reaktion sie sich erhoffen und was die Kernaussage ihrer Anzeige sein soll. Dazu bedienen sie sich zahlreicher Tricks.

Werbung – Ich bin doch nicht blöd!? 2/2

Werbetricks

- ▷ möglichst viele Sinne ansprechen
- ▷ prägnante und gute Argumente für den Kauf liefern
- ▷ aussagekräftige Bilder verwenden
- ▷ Aufmerksamkeit erwecken, z.B. indem Text und Bild erst mal scheinbar nicht zusammenpassen; zum Nachdenken anregen
- ▷ Stilmittel gezielt einsetzen (Alliterationen, Anapher, Anspielungen auf Bekanntes und Wortspiele, Analogie, Metapher, Gegensätze bemühen, Reime, auf Rhythmus und Interpunktion achten ...)
- ▷ kurz und einfach formulieren
- ▷ aussagekräftige Überschrift benutzen, die neugierig macht und zum Weiterlesen anregt

Der Werbetext ist besonders effektiv, wenn er folgendem Schema folgt:

A = **Attention:** Aufmerksamkeit wecken

I = **Interest:** Interesse wecken

D = **Desire:** Wunsch auslösen

A = **Action:** Aktion/Reaktion hervorrufen

Informationen nach: Zimmer-Pietz, Helga: Professionelles Texten. Wirtschaftsverlag Carl Ueberreuter, 2002.

Aufgaben

1. **Seht euch noch einmal die zuvor betrachteten Anzeigen an. Werden die, die ihr für gut befunden habt, den oben aufgeführten Punkten gerecht? Wenn nicht – warum wirken sie dann trotzdem? Was ist bei denen, die ihr schlecht findet, nicht beachtet worden?**

2. **Setzt euch in Kleingruppen zusammen. Stellt euch vor, ihr arbeitet im Bereich Mode und habt gerade eine neue Linie entwickelt, die ihr jetzt „an den Mann" bringen möchtet.**
   a. Jede Gruppe sucht sich eine der folgenden Zielgruppen aus:
      - Kinder (hier müsst ihr die Eltern erreichen, da diese i.d.R. die Kleidung kaufen!)
      - Teenager
      - Damen um die 40
      - Herren um die 40

   b. Besprecht genauer, wie eure Zielgruppe aussieht und was ihr gefällt: Wollt ihr beispielsweise eher den sportlichen Typ ansprechen oder den eleganten? Den mit dem eher kleinen oder den mit dem eher großen Portemonee? Setzt ihr auf Exklusivität oder auf Alltagstauglichkeit? ...

   c. Überlegt euch, wie eure Kleider aussehen sollen und was sie von anderen abhebt.

   d. Gestaltet dann zwei bis drei Anzeigen: Überlegt euch zuvor, wo ihr inserieren wollt und wie demzufolge der Stil sein müsste. Entwerft ein inhaltliches und optisches Konzept. Zeichnet, und textet eure Anzeigen auf DIN-A4-Blättern (ihr könnt auch Collagen machen). Orientiert euch dabei an den oben stehenden Tricks (ihr müsst natürlich nicht alle berücksichtigen!) und an den gelungenen Anzeigen, die ihr vorher ausgesucht habt.

   e. Hängt eure Anzeigen in der Klasse auf. Die anderen Gruppen müssen nun raten, welche Zielgruppe ihr habt, wie ihr sie euch vorstellt, und beurteilen, wie wirksam eure Anzeige gestaltet ist.

3. **Habt ihr schon mal Dinge gekauft, von denen ihr euch viel mehr versprochen hattet, als ihr letztendlich bekommen habt? Wie kam das? Tauscht euch in der Klasse aus.**

Sprache schafft Wirklichkeit

Sprache ist ein **Code**, und wir sind unentwegt dazu verdammt, ihn zu **entschlüsseln**. Wenn Menschen sich unterhalten, dann möchten wir wissen, was sie sagen; wenn irgendwo etwas geschrieben steht, möchten wir wissen, was es heißt. Und wenn es ein Wort gibt, dann nehmen wir sofort an, dass es ein Bezeichnetes gibt. Wir knapsen an dem Wort herum, rätseln, stellen uns – denn durch seinen Aufbau und seinen Klang legt das Wort uns irgendetwas näher – etwas Diffuses vor und werden verrückt, wenn wir die Lösung nicht kennen. Wörter, ob wir sie nun kennen oder nicht, setzen sofort unser **Kopfkino** in Gang:

„Kurzhaxe", sagte Mommer. „Was: Kurzhaxe?", fragte Gottlieb. „Dort steht: Kurzhaxe", sagte Mommer und deutete auf eine Wand [...]. „Firma Siebenschuh: Kurzhaxe", sagte Mommer, „sie stellen Kurzhaxe her."

[...]

„Kurzhaxe", sagte Mommer, „was so alles hergestellt wird." „Wenn es Kurzhaxe(n) geheißen hätte", sagte Gottlieb, „dann könnte man vielleicht meinen, notfalls, meine ich, dass die gewisse kleine Prothesen herstellen.
Aber Kurzhaxe ..."

[...]

„Vielleicht ist das n vom Regen weggewaschen", sagte Mommer.

[...] [viel später]

„Kurzhosen, vielleicht", sagte Gottlieb, schaute immer noch nach oben.
„Wie – was?", sagte Mommer.
„Kurzhosen", betonte Gottlieb, „vielleicht hast du falsch gelesen, und es heißt nicht Kurzhaxen, sondern Kurzhosen. Sie stellen Kurzhosen her, dort am Bahnhof."

„Ein n habe ich mit Sicherheit nicht gelesen", sagte Mommer [...]. „Also könnte höchstens ‚Kurzhose' dort gestanden haben, nicht ‚Kurzhosen'. Und wegen einer Kurzhose bauen sie doch wohl keine Fabrik. Das wirst doch sogar du zugeben?"

„Weiß nicht", sagte Gottlieb, „ich traue ihnen alles zu. Außerdem: Vielleicht war einmal Kurzhosen dort gestanden, und das n ist, wie du ja schon bei Kurzhaxe vermutet hast, abgewaschen worden; vom Regen oder so was."

_ Quelle: Rosendorfer, Herbert: Das Zwergenschloss und sieben andere Erzählungen. Dtv, 1996. S. 112 ff.

_ Wie heißt das?

Aufgaben

1. **Was stellst du dir unter „Kurzhaxe" vor? Und hast du eine Vermutung, wie das Wort tatsächlich lauten könnte?**

2. **Jeder von euch erfindet ein Wort, schreibt es auf einen Zettel und legt diesen gefaltet in einen Karton. Anschließend zieht jeder einen davon, liest das Wort laut vor und sagt, welche Assoziationen er dazu hat und warum: Um welche Wortart könnte es sich handeln? Wie wirkt das Wort durch Klang und Aufbau? Woran erinnert es? Was könnte es heißen? Könnt ihr bestimmte Gemeinsamkeiten oder Unterschiede herausfinden (löst z.B. ein bestimmter Klang bei mehreren von euch ähnliche Assoziationen aus)?**

3. **Ist dir schon mal aufgefallen, dass gewisse Wörter in unserem Sprachgebrauch fehlen, z.B. das Pendant zu „satt", wenn man genug getrunken hat? Suche dir einen Partner. Fahndet nach „fehlenden" Wörtern, und erfindet welche, die diese Lücke füllen. Wählt gemeinsam die passendsten aus.**

Macht und Ohnmacht von Namen

_ Rumpelstilzchen: Ach wie gut, dass niemand weiß ...!?

Alle haben einen seit dem Tag ihrer Geburt: einen Vornamen. Eigentlich nur ein Wort ... Aber was für eins! Kaum hören wir einen Namen, stecken wir die dazugehörigen Menschen in Schubladen, glauben wir etwas über sie zu wissen: etwas über ihr Alter, ihr Aussehen, sogar über ihre Intelligenz. Dieses Schubladendenken ist natürlich völliger Blödsinn, aber bevor sich diese Erkenntnis durchsetzt, hat man sich schon längst ein Bild zu dem Namen gemacht ...

Das ist mittlerweile sogar wissenschaftlich erwiesen. In erster Linie hat es etwas damit zu tun, wie häufig der Name ist bzw. zu welchen Zeiten er oft vergeben wurde. So stellt man sich einen Uwe beispielsweise ziemlich alt vor, da die „Uwe-Welle" mittlerweile eine ganze Zeit zurückliegt, wohingegen Leonies eher blühende Jugend unterstellt wird, da dieser Name erst in den 2000er-Jahren so richtig populär wurde.

_ Informationen nach: www.spiegel.de/wissenschaft/mensch/0,1518,437314,00.html

Aufgaben

1. **Wie sehr stimmen unsere Vorstellungen von Personen mit bestimmten Namen überein mit den Vorstellungen, die andere haben? Das könnt ihr folgendermaßen ausprobieren: Sammelt in der Klasse alle möglichen Vornamen. Achtung: Es sollte kein Vorname darunter sein, der in der Klasse vorkommt! Beantwortet dann gemeinsam zu den Namen folgende Fragen:**
   - **a.** Name, um den es geht:
   - **b.** Wie alt ist die Person?
   - **c.** Ist sie eher schlank oder eher robust?
   - **d.** Stellt ihr sie euch dunkelhaarig, hellhaarig oder rothaarig vor?
   - **e.** Ist die Person eher modern oder eher altmodisch gekleidet?
   - **f.** Hat sie eine helle oder tiefe Stimme?
   - **g.** Spricht sie schnell oder langsam?
   - **h.** Ist sie eher ernst oder eher lustig?
   - **i.** Welchen Beruf hat die Person?
   - **j.** Wenn ihr irgendwann mal ein Kind habt, könnt ihr euch vorstellen, es so zu nennen?

2. **Wertet eure Umfrage anschließend aus, und präsentiert eure Ergebnisse beispielsweise auf einer Wandzeitung.**

3. **Sprecht über die Ergebnisse: Was sind Namen eigentlich? Ist etwas dran an solchen Bildern im Kopf? Wo liegen die Gefahren solcher Vorstellungen?**

Die Lehre vom Missverständnis 1/2

Sammelt in der Klasse sprachliche Missverständnisse, die ihr einmal (mit)erlebt habt. Notiert diese an der Tafel.

Ein Schweizer Journalist nannte die Kommunikationswissenschaft einmal die „Lehre von den Missverständnissen".

Zu Recht: Wer spricht, geht immer das Risiko ein, missverstanden zu werden. Das liegt an der Person des Sprechers, an der des Hörers und an der Tatsache, dass die Nachricht nur durch ein System von Zeichen übermittelt werden kann.

Im Einzelnen gibt es zahlreiche mögliche Gründe für sprachliche Missverständnisse:

1. DerSprecher drückt sich ungenau aus, sagt beispielsweise „Ich gehe einkaufen", statt „Ich fahre einkaufen".
2. Der Sprecher hebt das, was in seiner Aussage besonders wichtig ist, nicht ausreichend hervor.
3. Personen reden häufig indirekt, verwenden beispielsweise Ironie oder „verstecken" ihre Botschaften. Wenn beispielsweise ein Mädchen zu ihrem Freund sagt: „Der Chris hat die Lena super schick zum Essen ausgeführt", will sie ihm damit vielleicht sagen, dass sie sich über eine ähnliche Einladung freuen würde. Auch rhetorische Mittel, wie Redewendungen oder Metaphern, können verwirren.
4. Der Zuhörer hört meist auf dem für ihn typischen Ohr (s. S. 90). Er überhört möglicherweise, was er nicht hören will, und hört, was er hören will.
5. Jeder kommuniziert immer auch mit dem Körper. Auch dadurch können, zusammen mit der sprachlichen Aussage, Missverständnisse geschürt werden.
6. An Verständlichkeit kann es auch dadurch mangeln, dass der Sprecher sich rein sprachlich zu kompliziert, langatmig o.Ä. ausdrückt.
7. Auch rein akustisch kann das Gesagte missverstanden werden.
8. Manchmal drücken wir uns bewusst oder unbewusst inhaltlich mehrdeutig, vage, schwammig, beschönigend o.Ä. aus.
9. Der Hörer bringt Gesagtes automatisch mit ihm Vertrautem in Verbindung. Das muss aber nicht unbedingt das Gemeinte sein.
10. Der Hörer interpretiert und ergänzt unbewusst das Gesprochene.

Etwas ausbaden?
Wenn das so einfach wäre …

Die Lehre vom Missverständnis 2/2

Das Vier-Ohren-Modell

Der **Kommunikationswissenschaftler** Friedemann Schulz von Thun (geb. 1944) sagt, dass jede Nachricht vier Ebenen hat. Nur der, dem bewusst ist, auf welcher Ebene gerade kommuniziert wird, kann sich angemessen verhalten.

Steffen sagt: „Ich geh' 'ne Runde joggen!"

_ Informationen nach: www.rhetorik.ch/Missverstehen/Missverstehen.html

Benni hört …

mit dem **Sachohr**	Benni will mir sagen, dass er eine Runde joggen geht.	Eine wertfreie, sachliche Information steht im Zentrum.
mit dem **Appellohr**	Benni will, dass ich mit ihm joggen gehe.	Der Hörer nimmt unbewusste, versteckte Aufforderungen wahr.
mit dem **Beziehungsohr**	Benni will mir zeigen, wie sportlich er im Gegensatz zu mir ist.	Die Beziehung Sprecher/Hörer steht im Mittelpunkt. Wir hören (meist negative) versteckte Aussagen über die eigene Person. Wir fühlen uns persönlich betroffen.
mit dem **Selbstoffenbarungsohr**	Benni signalisiert mir, dass er mit sich unzufrieden ist und mehr Sport machen möchte.	Hier rückt die Befindlichkeit des Sprechers ins Zentrum, die eigene Person wird ausgeklammert.

Aufgaben

1. Ordnet eure gesammelten Missverständnisse in der Klasse den einzelnen Kategorien zu.
2. Sammelt gemeinsam Aussagen, die ihr heute gesagt oder gehört habt, und spielt mögliche Bedeutungen auf den vier Ebenen einer Nachricht durch.
3. Arbeitet in Kleingruppen. Erstellt einen kleinen Ratgeber zum Thema „Missverständnisse vermeiden".

Unsagbares

Jeder, der spricht, weiß, dass sich nicht alles ausdrücken lässt, was man sagen will, dass sich nicht über alles sprechen lässt, dass es für viele Dinge keine Begriffe gibt und dass es Wörter gibt, deren Gebrauch unklar und deren Bedeutung uns vielleicht immer dunkel bleibt. Missverständnis und Unverständnis begleiten das tägliche Sprechen.

_ *Quelle: Christoph Asmuth u.a. (Hg.): Die Grenzen der Sprache. Sprachimmanenz – Sprachtranszendenz. B.R. Grüner Publishing Com., 1998. S. 1*

Ich will sie beschreiben, doch mir ist klar, dass mein Atem nicht reicht
denn eigentlich ist sie zu schade für Sprache
sie ist der Wahnsinn und sitzt vor mir live und in Farbe.

Herr von Grau: Zu schade für Sprache (Heldenplätze, 2009, rappers.in)

Saying "I love you" / is not the words I want to hear from you /
it's not that I want you / not to say it but if you only knew / how
easy it would be to show me how you feel / More than words /
is all you have to do to make it real

Extreme: More than words (Pornograffitti, 1990, A&M Reco Universal)

Prinzessin, ich sprech diese Sprache nicht,
die mir über dem Herzen liegt,
das was ich dir zu sagen versuche, schaffen Buchstaben nicht.

Olli Banjo: Deine Sprache (Lifeshow, 2007, Headrush Records)

Die wirklich wahren Dinge im Leben / brauchen keine Wörter,
um sie zu beschreiben / brauchen keine Lieder, keine Lobeshymnen
/ sind einfach nur hier um uns rum und in jedem / Schau in den
Fluss / und sag mir was du siehst / jeder Strudel, jedes Geräusch,
das er gibt / ist ein Poem nur für dich …

FLO MEGA: Die wirklich wahren Dinge (Filmriss EP, 2010, Four Music)

Aufgaben

1. **Gib die in den Songs genannten Gründe für die Grenzen von Sprache mit eigenen Worten wieder. Wofür fehlt sie hier?**

2. **Hast du schon einmal erlebt, dass dir die Worte für etwas fehlten? Beschreibe deiner Klasse die Situation. Wie hast du dich gefühlt, und wie hast du reagiert?**

3. **Suche dir einen Partner. Überlege dir mit ihm zusammen eine Situation, die sprachlos macht. Führt euren Mitschülern diese Situation als Pantomime vor. Erraten sie, worum es geht?**

4. **Gibt es Wörter, deren Bedeutung dir eigentlich nie ganz klar war?**
   a. Sammelt in der Klasse, und erklärt euch die Wörter gegenseitig, bzw. schlagt sie nach.
   b. Diskutiert: Was heißt das für die Kommunikation mit anderen?

© Verlag an der Ruhr | Autorin: Antje Lehbrink | ISBN 978-3-8346-0744-7 | www.verlagruhr.de

Kapitel 7

Sprache
hässlich, schön, verspielt

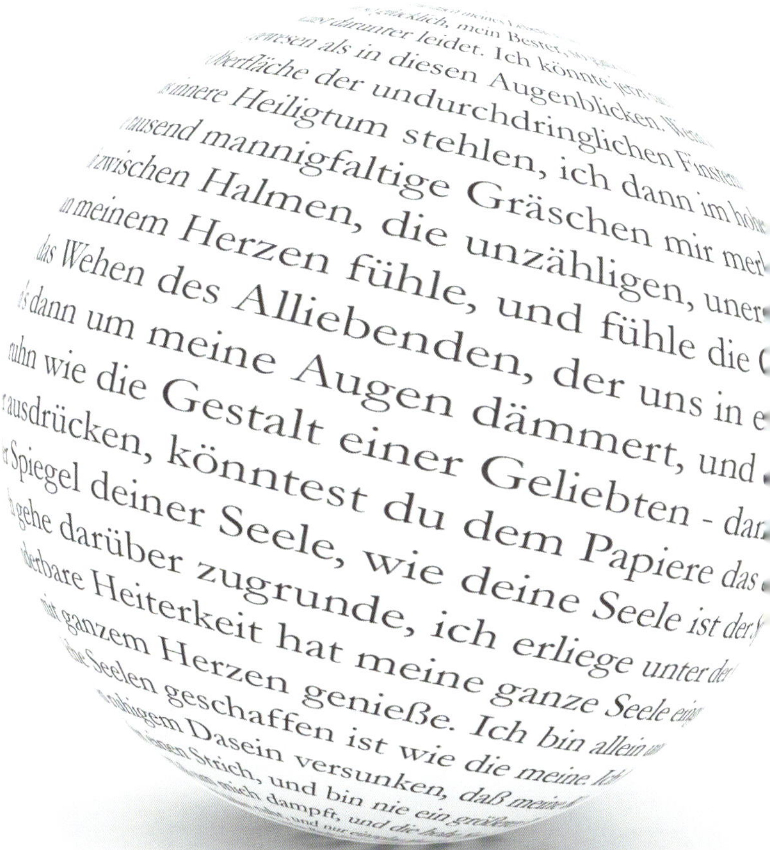

Romane lesen? Wozu denn?

▷ In seinem Roman „Das Lied von Leben und Tod" erzählt Marcelo Figueras über ein ungleiches Liebespaar:

„Bei Dingen, die nicht wissenschaftlich waren, bei Büchern, die nicht populärwissenschaftlich waren, zog Pat es vor, unwissend zu bleiben. Sie ging auf dieselbe Weise wie Sherlock Holmes vor, der aus seinem Geist alles Unpraktische verbannte mit der Begründung, dass die Kapazität, Informationen zu speichern, begrenzt sei und man, ergo, Raum für das wirklich Wertvolle brauche. […] Pat wusste nichts über Sherlock Holmes, denn sie wusste nichts über Literatur (oder zumindest gab sie das vor). Das fand Theo schrecklich, der sich wie jeder recht schüchterne Mensch an der Phantasiewelt der Bücher ergötzte. […] Außerdem, fuhr sie [Pat] fort, könne man, im Gegensatz zu den wissenschaftlichen Büchern, die Mehrzahl der Romane auf wenige Worte eindampfen. Für Pat konnte man Don Quichotte wie folgt zusammenfassen: Alonso Quijano leidet unter Altersdemenz. Den Fänger im Roggen erklärte sie so: Holden Caulfield macht die Pubertät durch. Bei In achtzig Tagen um die Welt sagte sie: Phileas Fogg gewinnt eine Wette. Und zu Moby Dick: Ahab verfolgt einen weißen Wal; er stirbt, als er ihn harpuniert."

_ Quelle: Figueras, Marcelo: Das Lied von Leben und Tod. Dtv, 2010. S. 76/77

▷ Ministerin Kristina Schröder (geb. 1977) hat ein ganz anderes Verhältnis zu Büchern als Pat:

Wer liest, sagt sie in ihrem Vorwort zum Deutschen Jugendliteraturpreis 2010, tauche in spannende Abenteuer und fantasievolle Storys ein. Jeder Leser schaue über den Tellerrand seines Lebens hinweg und erweitere seinen Horizont. Darüber hinaus sehe er Alltägliches und Bekanntes aus neuer Perspektive. Von diesen Erfahrungen könne ein junger Leser sein ganzes Leben hindurch zehren.

▷ Und die österreichische Schriftstellerin Marie von Ebner-Eschenbach (1830–1916) formuliert es so:

„Der wahre Zweck eines Buches ist, den Geist hinterrücks zum eigenen Denken zu verleiten."

▷ Franz Kafka (1883–1926) dagegen zielt eher auf die Gefühle:

„Das Buch", sagt er, *„ist die Axt für das gefrorene Meer in uns."*

Aufgaben

1. **Hast du einen Lieblingsroman?**
   a. Nimm ein DIN-A3-Blatt, und schreibe in die Mitte einen Satz, der den Inhalt deines Lieblingsbuchs zusammenfasst. Wenn du keins hast, wähle ein Buch, das du in der Schule gelesen hast.
   b. Was hast du mit dem Buch, das du zusammengefasst hast, erlebt? Warum hat es dir gefallen, und was hast du besonders gemocht? Was hat dich bewegt darin? Was hat es dir gegeben? … Was ist dir an diesem Buch wichtig, das der Satz auf deinem Zettel nicht ausdrücken kann? Schreibe Stichworte zu diesen Fragen um den Satz herum. Du kannst auch Bilder, Fotos, Zitate usw. ergänzen.
   c. Hängt dann eure Blätter in der Klasse auf, und bildet so eine „Galerie der Lieblingsbücher".

2. **Inszeniert eine Podiumsdiskussion zwischen Pat und Frau Schröder zum Thema Lesen.**

Das richtige Wort

Wörter sind kleine Schlüssel zu geheimen Kammern in unserem Kopf. Sie rufen Bilder, Laute, Gerüche, Gefühle, Stimmungen hervor. Keiner weiß das besser als die Schriftsteller, die virtuos mit den Türen zu diesen Kammern spielen: Ob man „Baum“ oder „Trauerweide“ schreibt, bewirkt beispielsweise ganz unterschiedliche Reaktionen beim Leser. Ob jemand zu einem bestimmten Ort „fährt“, „rast“ oder „bummelt“, ebenso. Ob ein Autor einfach den „Mond“ erwähnt, einen „goldenen Vollmond“ oder gar einen „kränklich-bleichen Sichelmond“ – was der Leser empfindet und vor sich sieht, wird jeweils ganz unterschiedlich sein ...

Aufgaben

1. Tauscht euch in der Klasse aus:

a. Was passiert in deinem Kopf, wenn du die folgenden Substantive liest/hörst?
- → Wolle
- → Milch
- → Ruine
- → Pusteblume
- → Gänsehaut
- → Sommerhimmel

b. Wie stellst du dir Lisa vor, wenn du die folgenden Sätze liest? Was nimmst du anhand der unterschiedlichen Verben über ihre Laune, ihren Charakter etc. an? Und was für Annahmen kannst du über die Handlung einer Geschichte, in der diese Sätze vorkommen, treffen?
- → Lisa sagte etwas.
- → Lisa murmelte etwas.
- → Lisa schrie etwas.
- → Lisa flüsterte etwas.
- → Lisa stotterte etwas.
- → Lisa prustete etwas.

c. Was bewirken die Adjektive in den folgenden Fällen?
- die romantische Ruine
- der aufgedunsene Körper
- die ranzige Butter
- die sommerliche Wiese
- der geheimnisvolle Brief

2. Suche dir aus Aufgabe 1 ein Schlüsselwort/eine Schlüsselformulierung aus, und schreibe anhand deiner Assoziationen dazu eine kurze Geschichte. Welche Stimmung wird erzeugt?

3. Suche nach Wörtern, die deiner Meinung nach besonders starke Assoziationen hervorrufen. Ihr könnt auch in euren Lieblingsbüchern stöbern. Sammelt in der Klasse, und legt einen „Pool“ an, auf den ihr bei späteren Schreibaufgaben zurückgreifen könnt.

vgl. dazu auch Boetius, Henning u. Hein, Christa: Die ganze Welt in einem Satz. Sprach- und Schreibwerkstatt für junge Dichter. Beltz, 2011. ISBN 978-3-407-75349-6. S. 43 ff.

Stilmittel – Texten Leben einhauchen

Sicherlich habt ihr im Deutschunterricht schon zahlreiche **Stilmittel** kennengelernt: Ironie, Steigerung, Wiederholung, Personifikation ...

Es gibt einen hübschen Werkzeugkasten, dessen sich der Verfasser eines Textes bedienen kann, wenn er diesen besonders eindrucksvoll gestalten möchte.

Sehr beliebt sind die Mittel des **Vergleiches** und der **Metapher**. Sie eignen sich hervorragend, um Sinneswahrnehmungen und Gefühle zu veranschaulichen. Während der Vergleich durch „wie" oder „als (ob)" offensichtlich als solcher gekennzeichnet ist („stark wie ein Löwe", „schneller als die Feuerwehr"), wird bei einer Metapher ein Wort in übertragener Bedeutung verwendet („Die Sonne lacht", „ein Berg von einem Mann") und ist deshalb unauffälliger im Text unterzubringen.

Aufgaben

1. **Ergänze die folgenden Sätze spontan in deinem Heft. Lies sie dann der Klasse vor. Besprecht, welche der Vergleiche ihr am eindrucksvollsten findet und warum. Gibt es auch welche, die Erklärungen erfordern?**
   a. Die Liebe des kleinen Mädchens zu ihrem Großvater war wie ...
   b. Als er endlich oben war und vom Berg hinab in die Landschaft schaute, fühlte er sich, als ob ....
   c. Als er den Brief zu Ende gelesen hatte, benahm er sich plötzlich wie ...
   d. Die Frau betrat den Raum wie ...

2. **Beschreibe den Landschaftsausschnitt auf dem Bild. Verwende dabei möglichst viele Metaphern. Sammelt eure Beschreibungen ein, und wählt die beste.**

Kleine Dichterwerkstatt

Stelle dir einmal vor, du wolltest Schriftsteller werden. Diese müssen ein ganz besonderes Gespür für Sprache haben. Darüber hinaus können sie nur etwas mitteilen, wenn sie auch etwas wahrnehmen – sie brauchen also scharfe Sinne und einen wachen Geist. Die Übungen auf dieser Seite stellen ein kleines „Dichter-Training" dar.

Aufgaben

1. **Schreibe drei kurze Gedichte zu einem Thema deiner Wahl:**
   a. Eines, das nur aus Einwortsätzen (Schwimm! Was? Hey! ...) besteht.
   b. Ein zweites nur aus Zweiwortsätzen (Ich gehe. Es regnet. Nie wieder!).
   c. Und eines, bei denen die Sätze mindestens drei Wörter haben.
   Die Gedichte müssen sich nicht reimen.

2. **Notiere, was dir beim Schreiben und den Ergebnissen auffällt.**

3. **Schreibe kleine Texte, in denen du mit der Wirkung verschiedener Laute (erst Vokale, dann Konsonanten) experimentierst: Du kannst Laute besonders häufig verwenden, ungewöhnliche Lautkombinationen verarbeiten, Laute anhäufen, die wir eher selten verwenden, usw. Notiere auch hierbei, was dir auffällt.**

4. **Sieh dir das Foto von der Katze genau an. Schreibe einen kurzen Textausschnitt, in dem du sie beschreibst. Dein Ausschnitt soll aus ...**
   a. einem Thriller,
   b. einem trivialen Liebesroman,
   c. einem Abenteuerroman,
   d. oder einer Autobiografie
   stammen.

5. **Gehe während der Stunde alleine eine Runde über euren Schulhof. Schreibe anschließend deine Eindrücke so genau wie möglich auf. Achte dabei darauf, was die verschiedenen Sinne wahrnehmen.**

6. **Wenn alle die Aufgaben beendet haben, könnt ihr eure Ergebnisse der Klasse präsentieren, sie vergleichen und darüber diskutieren.**

vgl. dazu auch Boetius, Henning u. Hein, Christa: Die ganze Welt in einem Satz. Sprach- und Schreibwerkstatt für junge Dichter. Beltz, 2011. ISBN 978-3-407-75349-6. S. 43 ff.

Metaphern sind überall

Moment mal. […] Was soll das heißen, Lebensinhalt? Lebensinhalt ist doch ein total schwachsinniger Begriff. Was willst du damit sagen, Lebensinhalt? Was ist der Inhalt des Lebens? Ist das Leben ein Glas oder eine Flasche oder ein Eimer, irgendein Behälter, in den man was hineinfüllt, etwas hineinfüllen muss sogar, denn irgendwie scheint sich ja die ganze Welt einig zu sein, dass man so etwas wie einen Lebensinhalt unbedingt braucht. Ist das Leben so? Nur ein Behältnis für was anderes? Ein Fass vielleicht? Oder eine Kotztüte? […] Oder was? Ist das so? […] Lebensinhalt ist doch eine Scheißmetapher, das steht ja wohl mal fest. […] aber selbst wenn man sie verwendet, was soll das denn dann sein? Gibt es irgendeinen, der mir das mal sagen kann? Kann ich jetzt zu einem von den Leuten hier an den Tisch gehen und ihn fragen: Entschuldigung, kannst du mir mal ein, zwei Lebensinhalte nennen? Nix! Nix! Aber alle glauben, es gibt so was. Und keiner denkt darüber nach. Wenn man von Lebensinhalt spricht, dann sieht man das Leben nur als Gefäß, als Mittel zum Zweck, in das es etwas hineinzufüllen gilt, statt dass man sich vielleicht mal darüber klar wird, dass das Leben einen Wert an sich hat, und dass man, wenn man sich dauernd damit beschäftigt, es mit Inhalt zu füllen, das vielleicht überhaupt nicht kapiert. Aber bleiben wir ruhig beim Bild des Lebens als Gefäß.[…] Ein Gefäß, in das man etwas hineinfüllen muss, kann es so lange nicht sein, wie mir keiner sagen kann, was genau dieses Hineinzufüllende eigentlich sein soll. Dann kann man es nur noch anders herum sehen, wenn man an der Metapher festhalten will: Dann ist das Leben ein Gefäß, das man gefüllt hingestellt bekommt, und zwar gefüllt mit Zeit. Und in diesem Gefäß ist ein Loch drin und die Zeit fließt unten raus, so ist das nämlich, wenn man überhaupt von einem Gefäß sprechen will. Und die Zeit, das ist das Blöde daran, kann man nicht nachfüllen.

_ *Quelle: Regener, Sven: Herr Lehmann. Goldmann Taschenbuch, 2003. S. 55 f.*

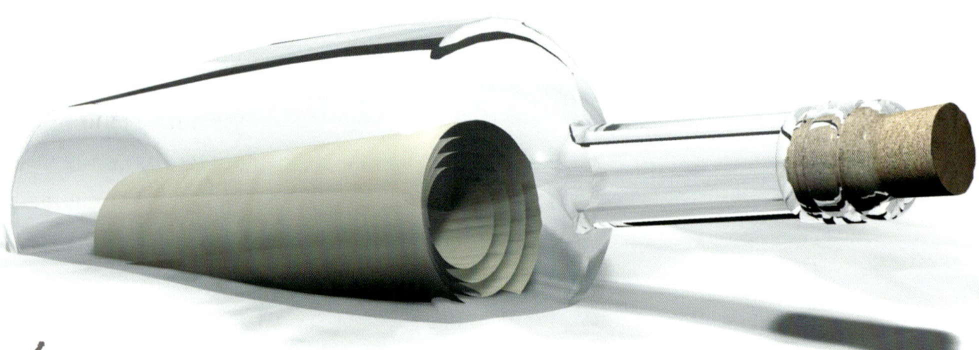

Aufgaben

1. Metaphern sind überall: Ob „begreifen“ oder „erklären“ – viele Metaphern sind so alt, dass wir sie kaum noch als solche erkennen. Gehe mit einem Partner in der Alltagssprache auf die Suche nach solchen Metaphern. Untersucht auch, wovon sie sich ableiten (könnten): Ihr könnt eigene Theorien aufstellen und/oder ein etymologisches Wörterbuch zu Hilfe nehmen. Erstellt gemeinsam ein kleines „Wörterbuch der Alltagsmetaphern“, in dem ihr die Herkunft der Wörter oder eure Theorie zu ihrer Herkunft erklärt.
2. Suche dir eines der Wörter aus, die ihr gefunden habt, und verfasse darüber einen Monolog im Stil der oben stehenden Ausführungen von Sven Regeners Hobbyphilosophen Frank Lehmann. Ist die Metapher passend oder nicht? Was bedeutet sie konsequenterweise für das damit Bezeichnete, wenn man sie zu Ende denkt?

Interpretationen – wenn die Läuse leise ... 1/2

Wenn die Läuse leise laufen,
Auf dem Kopfe hin und her,
Musst du graue Salbe kaufen,
Und dann laufen sie nicht mehr.

[...]

Bescheiden kommt dieser Vierzeiler daher, unartifiziell, ohne grelle Töne, ein Blümchen-rühr-mich-nicht-an, wie es scheint, von unbekannter Hand in die lyrische Landschaft gepflanzt. Und dennoch will das zarte Gebilde ins Ohr, nistet sich ein, geht einem nach. Was verleiht dem kleinen Gedicht eine solche Macht über unser Gemüt? Wieso bringt es Tiefstes, Innerstes zum Schwingen? Wir müssen – niemand hat das passender ausgedrückt als der Literaturwissenschaftler Wolfgang Kayser – be-greifen, was uns er-greift.

Ist es die Form? Vier trochäische Vierheber verschränken sich im Kreuzreim; weibliche und männliche Kadenzen wechseln einander ab. Die b-Versausgänge sind wuchtig-einsilbig, also auch der abschließende. Ein in sich geschlossener Kosmos wird hier „gesetzt“, absolut, weder der Einführung noch der Fortsetzung bedürftig. Das konzise Werk gemahnt somit an die Volksliedstrophe und grenzt sich zugleich gegen sie ab, fordert doch Poesie aus dem Urgrund des kollektiven Wesens Wiederholung, Wieder-erkennen, das zwiefache Glück des Schon-einmal-gehört-Habens, des Noch-einmal-sagen-Dürfens. Dennoch tappen wir noch immer im Dunkeln, haben noch keine Spur aufgenommen, die uns dem Mysterium dieser 22 Wörter näherbringt. Wir befragen die Syntax, lassen das zunehmend entzückte Auge über das semantische Gewand gleiten, lauschen den sanften Klängen, und siehe – welches Wunderwerk tut sich vor uns auf, welch schlanke Statue hat der Autor aus dem Steinbruch der Sprache gemeißelt! Der Wissende hat es längst geahnt: Diese wenn-dann-Strukturen finden sich auch bei Goethe, in den schönsten und kostbarsten Blüten, die die deutsche Seele getrieben, in jenem Hochsommer ihrer Produktionskraft, den man Klassik heißt. Sollte etwa dieses Gedicht – man wagte es nicht, den Gedanken zu Ende zu denken. Das Werk beginnt mit temporalem „wenn“. Oder ist es konditional, nicht „jedes Mal, wenn“, sondern „falls“? Das sähe unserem Dichter ähnlich, der sich nie in die konkrete Aussage versteigt, immer halb verhüllt, halb entschleiert. Ein heikles Thema schließlich, an das er sich gewagt hat!

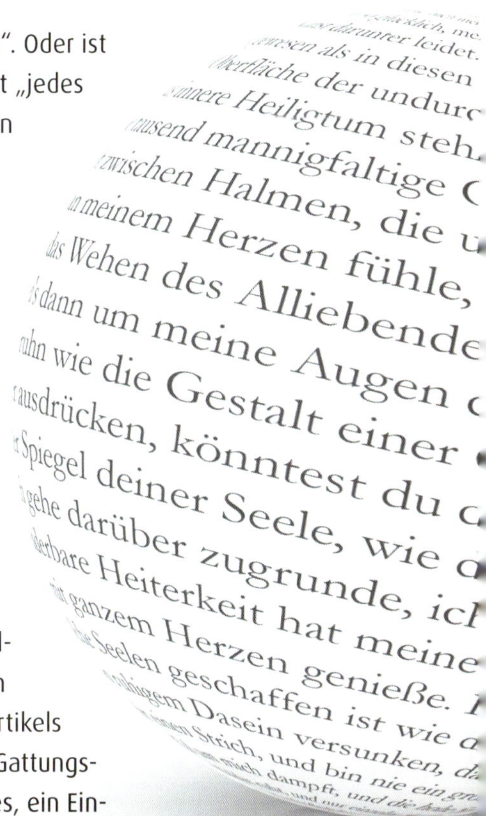

Die Schar der Schädlinge gewinnt durch die Nennung des Artikels „die Läuse“ etwas Gattungshaft-Beängstigendes, ein Eindruck, der durch die Art der Bewegung eher noch bestärkt wird – sie vollziehen sie „leise“. Lautlos beklemmendes Unheil nimmt hier seinen Lauf, wobei Handlungsträger, Handlung und deren Umstände durch Alliteration nachdrücklich miteinander verschränkt werden. In der nächsten Zeile erfahren wir, wo die Sechsbeiner ihr Unwesen treiben – „auf dem Kopfe“.
Die Ersatzprobe beweist die Unersetzlichkeit des intuitiv Empfangenen: „Auf dem Fuße?“ „Auf dem Arme?“ „Auf der Schulter?“ Allesamt Makulatur, stümperhaft-blöde Versuche dessen, der sich, zu eigenem Schaffen unbefugt, mit dem Vermitteln begnügen muss.

Die Läuse laufen „hin und her“. Ist jemals das Ziellos-Unbehauste, das Rastlos-Umgetriebene der Kopflaus eindringlicher beschrieben worden als in diesen Monosyllaben? Und klingt nicht hier auch ein Anflug von Mitleid an mit jenen Geschöpfen, die zu sinnleerem Pendeln verdammt sind, zu unschöpferischem, bloß verzehrendem Vegetieren?
Das imperativische Hilfszeitwort „musst“ zu Beginn des zweiten Teils, zu Beginn auch des Hauptsatzes, stellt inmitten des generellen Piano seines Kontextes den einzigen kräftigen Akzent dar und hebt sich damit

Interpretationen – wenn die Läuse leise ... 2/2

umso intensiver von diesem ab. Auf die Aktion („laufen“) der kleinen Weggefährten des Menschen folgt unausweichlich, da dieser nun einmal zur Symbiose nicht gewillt ist, das Erfordernis seiner Reaktion („kaufen“ – der a-Reim, wie beziehungsreich, kehrt hier wieder!). Das Pronomen „Du“ suggeriert die vielen „Ichs“. Tua res agitur – wir alle sind gemeint, fällt es dem Leser wie Schuppen aus den Haaren. Der kommerzielle Vorgang wird jeglicher Peinlichkeit entkleidet durch die Unattraktivität der Ware – „graue Salbe“. Der Autor ist hier wieder ganz pastell-moderat, verzichtet auf knallige Farben wie bisher auf schrille Laute. Unversehens sind wir in den Sog dieser Zeilen geraten, treiben atemlos dem Höhepunkt entgegen. Und was macht unser Künstler daraus? Nichts Neues bringt dieser letzte Vers.

Die vom ersten her bekannten Motive kehren zurück bis in die wörtliche Wiederholung hinein, nur dass jetzt dem amorphen Gewimmel die Negation „nicht“ entgegengeschleudert wird. Das Nicht-Sein eines Nicht-Sein-Sollenden ist eingetreten, bei überraschender Diskretion des vernichteten Vielfüßers. Nicht in rhetoris, im Kugelhagel – so still wie seine „lausige“ Existenz vollzieht sich auch sein Ableben.

Ein Geringerer hätte hier seinen sadistischen Gelüsten freien Lauf gelassen. Der Dichter entlässt uns in eine intakte Welt, die wieder her-gerichtet ist, nachdem der schemenhafte Parasit hin-gerichtet wurde. Aber weist das Gedicht nicht über sich selbst hinaus? Geht es hier nur um eine Entlausung? Geht es nicht auch um eine Entlarvung? Längst sind wir hellhörig geworden für Zwischen- und Untertöne, vielleicht gar eine verschwiegene Botschaft!

Zwei Deutungen bieten sich an, eine naheliegende, eine kühne. Wahrscheinlich, mögen wir denken, steht die Laus stellvertretend für die Insektenpopulation der Erde, die, wie wir mit Schrecken erfahren, rein gewichtsmäßig die Menschheit 8-mal aufwiegen könnte. Sie ist verletzlich, vernichtbar, das ist der Trost, der uns mit auf den Weg gegeben wird – mit dem Instrumentarium der Schädlingsbekämpfung. Eine Apologie der Chemie also? Wir sollten diesen Ansatz, da viel zu pragmatisch, verwerfen in dem Maße, in dem der andere an Faszination gewinnt: werden an der Laus nicht anonym-bedrohliche Mächte dingfest gemacht, die in unser Dasein einbrechen, ein Es oder ein Schicksal, dem wir wehrlos ausgeliefert zu sein scheinen? Dann aber schenkt das Gedicht die Hoffnung, dass unsere Welt grundsätzlich re-parabel ist, und zwar vermittels des Einfachen („graue Salbe“), dass wir unser Los selbst in die Hand nehmen müssen.

Wir möchten uns dem anschließen.

Hartmut Lehbrink

Aufgaben

1. **Suche dir einen Partner. Verfasst eine Interpretation mit ähnlichem Aufbau zu dem folgenden „Gedicht“. Ihr dürft kräftig drauflosspinnen!**

Eins, zwei, Polizei
drei, vier, Offizier
fünf, sechs, alte Hex'
sieben, acht, gute Nacht
neun, zehn, auf Wiedersehn!

2. **Was meint ihr: Wann machen Interpretationen Sinn, was können sie leisten? Und wo sind die Grenzen? Warum sollte man literarische Werke interpretieren – oder sollte man vielleicht gar nicht? Diskutiert darüber.**

Früher Goethe – heute Sido?

„Wenn sich da mal nicht einer im Grab herumdreht: Sido (‚Mein Block') findet, dass er der neue Goethe ist", so heißt es auf der Webseite der Gala. Der Rapper begründet das so: *„Goethe war ein Star zu seiner Zeit, weil es keinen anderen gab. Welcher Lyriker ist denn heute ein Star? Welche Lyriker werden für ihre Texte so starmäßig angesehen? Das sind wir. Hör dir mal die Texte von Samy Deluxe an! Die sind krass, das ist poetisch, das ist Lyrik."* Und er fährt fort: *„Und bei mir ist es dasselbe."*

_ *Quelle: www.gala.de/stars/ticker/BSBS87221/Damals-gab-es-Goethe-heute-gibt-es-Sido.html*

Mama ist stolz (Ausschnitt)

Ich lass nichts auf dich kommen,
Keinen was gegen dich sagen.
Ich lass keinen Dreck liegen
Auf dem Namen, den wir tragen.
Du warst immer für mich da,
Wie das auf Entgelt,
Und du weißt, was
du mir wert bist.
Ich kaufe dir die Welt
Ich werd dir doppelt so viel Gutes tun,
Wie du für mich gemacht hast
Wünsch dir was,
Und ich schwör dir,
Ich mach das.
Ich will dir noch soviel sagen,
doch ein Track reicht nicht aus.
ich bin froh, dass du mich liebst.
Dein Sohn ist stolz auf dich.

_ *Sido (geb. 1980), Mama ist stolz (Mama ist stolz, 2005, Aggro Berlin)*

An meine Mutter

Obgleich kein Gruß, obgleich kein Brief von mir
So lang dir kömmt, lass keinen Zweifel doch
Ins Herz, als wär' die Zärtlichkeit des Sohns,
Die ich dir schuldig bin, aus meiner Brust
Entwichen. Nein, so wenig als der Fels,
Der tief im Fluss vor ew'gem Anker liegt,
Aus seiner Stätte weicht, obgleich die Flut
Mit stürm'schen Wellen bald, mit sanften bald
Darüber fließt und ihn dem Aug' entreißt,
So wenig weicht die Zärtlichkeit für dich
Aus meiner Brust, obgleich des Lebens Strom
Vom Schmerz gepeitscht bald stürmend drüber fließt,
Und von der Freude bald gestreichelt still
Sie deckt und sie verhindert, dass sie nicht
Ihr Haupt der Sonne zeigt und ringsumher
Zurückgeworfne Strahlen trägt und dir
Bei jedem Blicke zeigt, wie dich dein Sohn verehrt.

_ *Johann Wolfgang von Goethe (1749–1832)*

Aufgaben

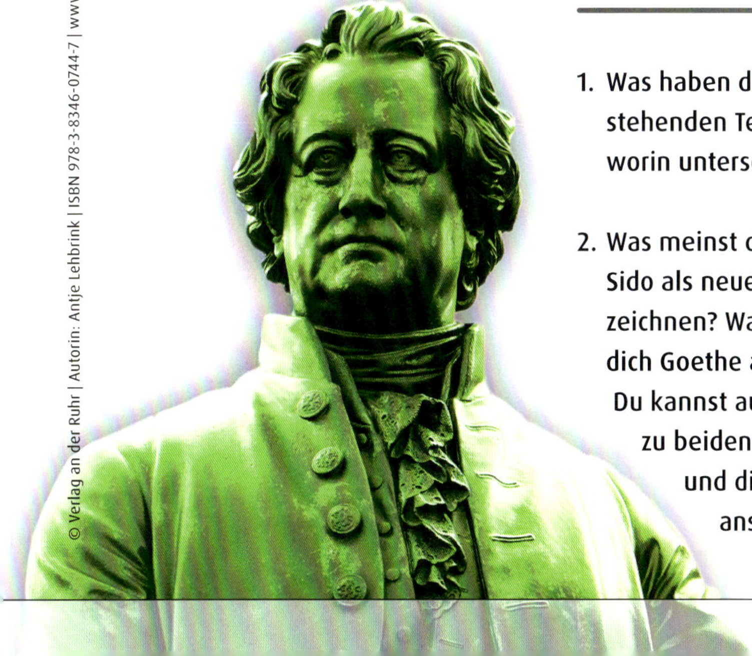

1. **Was haben die beiden oben stehenden Texte gemeinsam, worin unterscheiden sie sich?**
2. **Was meinst du: Kann man Sido als neuen Goethe bezeichnen? Was macht für dich Goethe aus, was Sido? Du kannst auch im Internet zu beiden recherchieren und dir weitere Texte ansehen.**
3. **Übersetze den Goethe-Text in Sidos Sprache, und trage dein Ergebnis der Klasse vor. Du kannst es auch umgekehrt versuchen, wenn du willst. Diskutiert hinterher: Macht es Sinn, Klassiker in modernes Deutsch zu „übersetzen" (wie es mit Büchern z.T. ja schon geschieht)? Oder ist es schöner, sie in der „altmodischen" Sprache zu lesen?**

Poesie – „Nichts anderes als Zaubersprüche"

„Gedichte sind ja nichts anderes als Zaubersprüche, die bewirken, dass du außer dir bist", sagt Gert Jonke, ein österreichischer Lyriker.

Erinnerungen an Marie A.

An jenem Tag im blauen Mond September
Still unter einem jungen Pflaumenbaum
Da hielt ich sie, die stille bleiche Liebe
In meinem Arm wie einen holden Traum.
Und über uns im schönen Sommerhimmel
War eine Wolke, die ich lange sah
Sie war sehr weiß und ungeheuer oben
Und als ich aufsah, war sie nimmer da. (...)

_ *Bertolt Brecht (1898–1956). Quelle: Brecht, Bertolt: Liebesgedichte. Insel Verlag, 2002. ISBN 978-3-4583-4524-4*

An M.

Der du meine Wege mit mir gehst,
Jede Laune meiner Wimper spürst,
Meine Schlechtigkeiten duldest und verstehst -
Weißt du wohl, wie heiß du oft mich rührst?
Wenn ich tot bin, darfst du gar nicht trauern.
Meine Liebe wird mich überdauern
Und in fremden Kleidern dir begegnen
Und dich segnen.
Lebe, lache gut!
Mache deine Sache gut!

_ *Joachim Ringelnatz (1883–1934)*

Noch bist du da

Wirf deine Angst
in die Luft
Bald
ist deine Zeit um
bald
wächst der Himmel
unter dem Gras
fallen deine Träume
ins Nirgends

Noch
duftet die Nelke
singt die Drossel
noch darfst du lieben
Worte verschenken
noch bist du da

Sei was du bist
Gib was du hast

_ *Rose Ausländer (1901–1988). Quelle: Ausländer, Rose: Regenwörter: Gedichte. Reclam, 1998. ISBN 978-3-150-08959-0. S. 95*

Aufgaben

1. **Welches Gedicht gefällt dir am besten, und warum?**

2. **Male ein abstraktes Bild, in dem du die Stimmung dieses Gedichts einzufangen versuchst. Farben und Formen sind wichtig. Lasse dann deine Klassenkameraden raten, welches Gedicht dir als Vorlage gedient hat.**

3. **Erstellt in der Klasse einen Gedichte-Kalender. Geht dabei wie folgt vor:**
   a. Jeder schreibt sein Lieblingsgedicht auf. Ihr könnt in Anthologien, euren Schulbüchern oder im Internet nach schönen Gedichten suchen.
   b. Wählt gemeinsam aus euren „Nominierungen" die zwölf schönsten Gedichte aus.
   c. Zu welcher Jahreszeit, zu welchem Monat passen die „Preisträger" von der Stimmung her am besten? Bestimmt für jeden Monat eines.
   d. In einem Hobbymarkt oder im Internet findet ihr Bastel-Kalender mit fertigem Kalendarium. Besorgt euch einen solchen Kalender, und schreibt eure Gedichte hinein.

4. **Nun kann jeden Monat ein „Lieblingsgedicht" der Klasse vorgelesen und besprochen werden.**

Lustig? Sprachwitze und -spielereien

In München stürzt ein Polizeiwagen um, und keiner der Insassen kann aussteigen. „Kein Wunder“, schreibt die Zeitung am nächsten Tag. „Auf der einen Seite saßen schwere Jungs, auf der anderen leichte Mädchen. Und vor der Wagentür saß ein Zuhälter.“

„Bist du per Anhalter gekommen?“ – „Wieso?“ – „Du siehst so mitgenommen aus.“

Auf den diesjährigen Bachfesten sangen leider nicht die Fachbesten.

Womit malt man Fußbälle an? Mit Ballack.

Tschö mit ö!

Ist es bedenklich, wenn im Park ein Goethe-Denkmal durch die Bäume schillert?

Es klapperten die Klapperschlangen, bis ihre Klappern schlapper klangen.

Herzlichen Glühstrumpf!

Wie lautet die E-Mail-Adresse des Papstes? – Urbi at orbi.

Warum gibt es kein anderes Wort für Synonym?

Warum ist einsilbig dreisilbig?

Aufgaben

1. Lest die (Wort-)Witze/Spiele in der Klasse vor. Findet ihr sie komisch?

2. Erklärt für jeden, wie die Pointe/der scherzhafte Aspekt zu Stande kommt. Sucht verschiedene Kategorien, nach denen ihr sie einteilen könnt.

3. Sammelt gemeinsam weitere Wortspiele und Sprachwitze, und untersucht, worauf ihr Witz basiert. Gruppiert sie nach den von euch gefundenen Kategorien. Vielleicht müsst ihr auch noch neue Kategorien schaffen.

4. Jeder sucht sich eine Kategorie aus und „erfindet“ einen Sprachwitz, den er der Klasse erzählt. Ist das eine leichte oder schwierige Aufgabe?

Tschüssikowski!

Poetry Slams – Sprachwettbewerbe 1/2

Das Spiel mit der Sprache gibt es auch als Ausgangspunkt für einen Wettbewerb: Poetry Slams sind „Dichterschlachten", an denen jeder teilnehmen darf. Menschen verfassen Texte jeder Art und tragen sie vor – und am Ende wird der beste Vortrag vom Publikum gewählt. Ob man dabei mehr auf die Art und Weise des Darbietens oder auf die Qualität der Texte achtet, das bleibt den Wählenden selbst überlassen. Mit der klassischen „Poesie" haben diese „Schlachten", die sich in den 1980er-Jahren in Amerika entwickelten und mittlerweile viele Länder erobert haben, meist wenig zu tun. Es geht um **Schauspiel**, um **Pointen**, um **Überraschungen**.
Auf der Homepage eines Veranstalters heißt es:

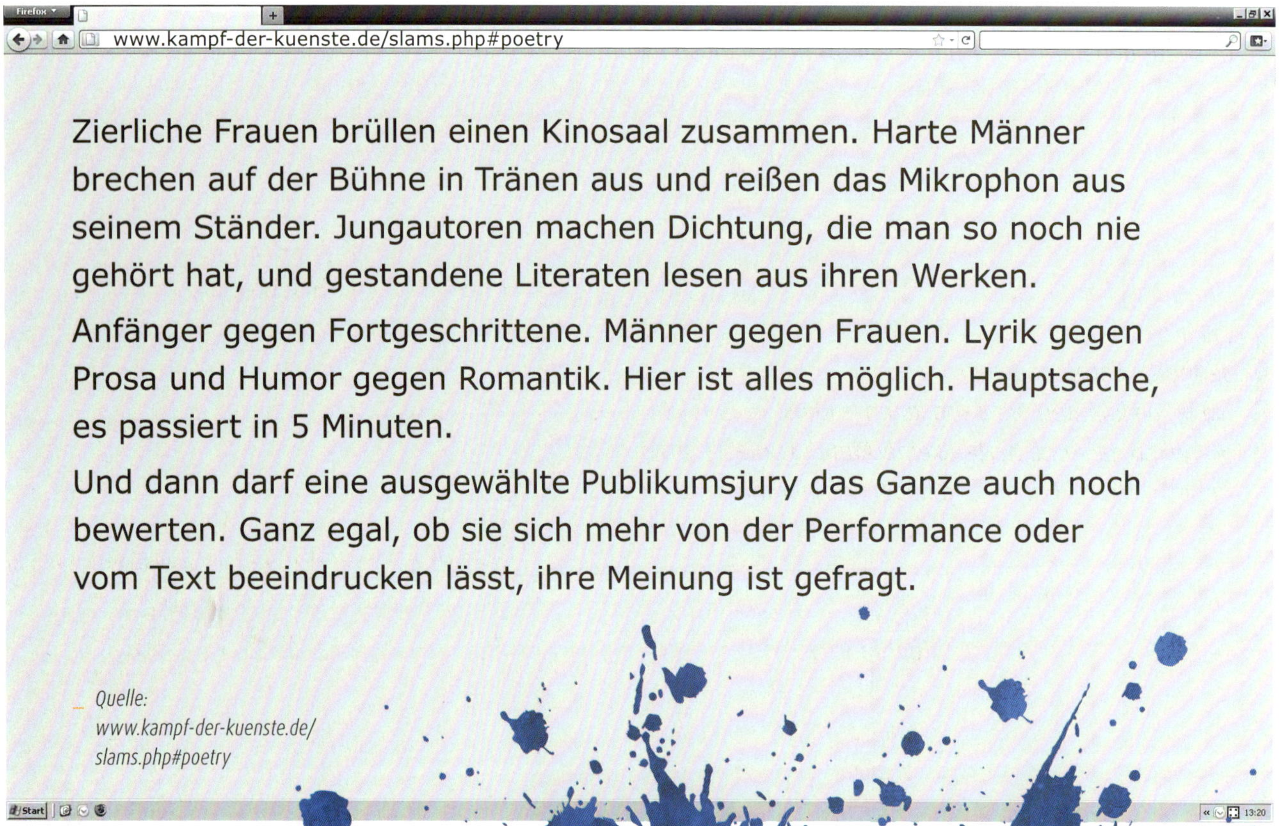
www.kampf-der-kuenste.de/slams.php#poetry

Zierliche Frauen brüllen einen Kinosaal zusammen. Harte Männer brechen auf der Bühne in Tränen aus und reißen das Mikrophon aus seinem Ständer. Jungautoren machen Dichtung, die man so noch nie gehört hat, und gestandene Literaten lesen aus ihren Werken.

Anfänger gegen Fortgeschrittene. Männer gegen Frauen. Lyrik gegen Prosa und Humor gegen Romantik. Hier ist alles möglich. Hauptsache, es passiert in 5 Minuten.

Und dann darf eine ausgewählte Publikumsjury das Ganze auch noch bewerten. Ganz egal, ob sie sich mehr von der Performance oder vom Text beeindrucken lässt, ihre Meinung ist gefragt.

Quelle: www.kampf-der-kuenste.de/slams.php#poetry

Slam-Regeln

- Es dürfen nur eigene Texte gelesen/vorgetragen werden!
- Eine festgelegte Zeit (zwischen 3 und 10 Minuten) darf nicht überschritten werden!
- Es sind keinerlei Hilfsmittel erlaubt!
- Eine Jury, bestehend aus dem gesamten Publikum oder einigen Personen aus dem Publikum, bewertet die einzelnen Texte; z.B. mit Punkten von 0 (grottenschlecht) bis 10 (supergut).
- Es gibt 1 bis 2 Moderatoren.
- Es gibt ein Halbfinale und ein Finale.

Poetry Slams – Sprachwettbewerbe 2/2

Eine Art „Shooting-Star" der Slam-Szene ist Sebastian23 aus Bochum. Hier ein Ausschnitt aus seinem Text „At the end of the longest time":

At the end of the longest time ...

[...] Der Tag war so warm, dass Fritte den Vorschlag machte, wir könnten ja in den Park gehen und auf der Wiese sitzen. Und dann – ich sehe es vor meinem fiebrigen Auge, als wäre es gestern gewesen – dann hatte Macke dieses seltsame Funkeln in den Augen. Und er sagte den Satz, den ich noch so oft in schlaflosen Alptraumnächten nachhallen hören sollte: „Lass uns doch mal ein bisschen warten!"
Ich sah ihn verwundert an, dann die anderen. Fritte und Schnuttels waren von diesem Vorschlag offensichtlich genauso verwirrt wie ich. Einige Momente sagte keiner etwas. Dann war ich es, der das Wort ergriff.
„Warten?" fragte ich mit zittriger Stimme, „Ist das nicht gefährlich?"
„Klar ist das gefährlich", entgegnete Macke mit höllischer Entschlossenheit, „darum machen wir es ja!"
Na ja, da konnten wir dann kaum anders, als mitzumachen. Wir waren so naiv und hatten keine Ahnung, wie es unser Leben verändern würde. Am Anfang haben wir nur mal so zwei, drei Minuten gewartet, aber auch nicht so richtig, wir haben ja noch Mucke gehört dabei und auch ein bisschen gelesen. Aber bei dem einen Mal blieb es natürlich nicht und schon bald haben wir mehr gebraucht. Bald mussten es fünf Minuten sein, und die Musik haben wir dafür auch ausgemacht, denn wir brauchten das Warten pur. Und von da an griff es um sich und nahm unmerklich Besitz von unserem Leben. Ich stellte mich schon kurze Zeit später im Supermarkt immer in die längste Kassenschlange, wenn möglich mit ein paar halbblinden Rentnern vor mir, die immer so gerne sagen: „78,23? Warten Sie einen Moment, ich hab's passend."
Wir waren schnell richtig süchtig geworden nach Warten und gingen regelmäßig ohne Beschwerden und ohne Termin zum Arzt, um ein bisschen im Wartezimmer sein zu können. Ich kann gar nicht sagen, bei wie vielen Praxen ich mittlerweile Hausverbot habe. Unser Trieb brauchte immer neue, extremere Befriedigung. Irgendwann fingen wir an, den Verkehrsfunk zu hören, und immer, wenn ein richtig fetter Stau gemeldet wurde, sprangen wir ins Auto und nichts wie hin. Wir waren völlig besessen und schwelgten im trügerischen Glück. [...]

Aufgaben

1. **Veranstaltet einen Poetry Slam in der Klasse. Dafür braucht ihr**
   a. so viele Kandidaten wie möglich, die selbstverfasste Texte vortragen,
   b. ein Publikum, das einen Sieger wählt,
   c. und ein bis zwei Moderatoren.
   Entscheidet gemeinsam, wie viel Zeit jeder hat.

2. **Bei YouTube® könnt ihr euch zahlreiche Slammer, darunter auch Sebastian23, in Action angucken.**

_ Sebastian 23; Foto: Christoph Neumann

_ Quelle: www.sebastian23.com/texts/view/18

Comicsprache – grübel, grübel, kicher, kicher 1/2

Hast du Lieblingscomics? Oder hattest du als Kind welche? Welche sind/waren das, und warum? Stehst du mittlerweile mehr auf Manga oder Graphic Novels? Was macht Comics/Manga/Graphic Novels allgemein aus, und was gefällt dir daran?

Sammelt eure Erfahrungen in der Klasse.

Bringt von zu Hause, von jüngeren Geschwistern, evtl. auch aus der Bibliothek möglichst viele Comics mit.

Comics sind mit ihrer Kombination aus Text und Bild eine ganz eigene Form der Kunst; irgendwo zwischen Romanen und Bilderbüchern. In den 1960er-Jahren stand man dieser literarischen Form sehr ablehnend gegenüber und ging davon aus, dass ihre Lektüre die sprachliche Kompetenz der jungen Leser negativ beeinflussen würde. Heute sieht das ganz anders aus. Tatsache ist, dass zwischen dem alltäglichen Sprachgebrauch auf der einen und der im Comic verwendeten Sprache auf der anderen Seite eine interessante Wechselwirkung stattfindet.

Habt ihr schon mal den Namen Erika Fuchs (1906–2005) gehört? Sie wird auch die „Grande Dame des Comics" genannt, den sie in Deutschland erst so richtig salonfähig machte: Sie übersetzte nämlich 40 Jahre lang Donald Duck & Co. ins Deutsche. Diese Tätigkeit erforderte ein unbeschreibliches Maß an Kreativität, denn was im Englischen ein gelungenes Wortspiel und ein äußerst treffendes Wort sein mag, kommt im Deutschen vielleicht unverständlich oder einfach mager daher – und muss unter Umständen komplett ersetzt werden, gerade, um die Stimmung zu halten.

Erika Fuchs ist die Begründerin von geflügelten Worten wie „Dem Ingeniör ist nichts zu schwör", sie ließ Tick, Trick und Track stöhnen: „Mir kreist der Hut! Mein Gehirn käst! Meins ist völlig verdunstet!", und überhaupt nannte sie die drei erst so: Im Englischen heißen sie nämlich Huey, Dewey and Louie. Die Übersetzung ihrer Namen wäre übrigens eine eigene Studie wert. Im Polnischen heißen sie Hyzio, Dyzio i Zyzio, im Serbischen Raja, Gaja i Vlaja , im Finnischen Tupu, Hupu ja Lupu und im Türkischen Cin, Can ve Cem …

_ *Informationen nach: www.duckipedia.de*

Comicsprache – grübel, grübel, kicher, kicher 2/2

Aufgaben

1. Wollt ihr mal ausprobieren, wie gut oder schlecht sich Comics übersetzen lassen? Nehmt euch ein Wörterbuch und ein Donald-Duck-Heft, und versucht mal, einzelne Passagen ins Englische zu übertragen!

2. Bildet drei Gruppen, unter denen ihr die mitgebrachten Comics aufteilt. Untersucht in Gruppen die unten stehenden Aspekte der Comicsprache. Überlegt anschließend, wie ihr eure Ergebnisse am besten präsentieren könnt (z.B. Kreisdiagramme), und stellt sie der Klasse vor. Arbeitet bei der Präsentation auch mit Beispielen.

3. Fasst nun eure Ergebnisse auf einer Wandzeitung „Comicsprache" zusammen.

4. Diskutiert gemeinsam: Wo fließen Aspekte des Sprachgebrauchs im Alltag in die Comics ein? Wo wirken sich die Comics umgekehrt auf die Alltagssprache aus?

5. Suche dir einen Partner. Zeichnet gemeinsam einen „typischen" kleinen Comicstrip, in dem ihr die Ergebnisse eurer Untersuchung berücksichtigt. Hängt eure Comics in der Klasse auf.

6. In den französischsprachigen Nachbarländern werden Comics als die „neunte Kunst" bezeichnet. Recherchiert im Internet oder in Lexika: Was ist mit diesem Ausdruck gemeint? Diskutiert in der Klasse: Wird er Comics/Manga/Graphic Novels gerecht?

Gruppe 1

- Satzlänge
- Satzbau/ Vollständigkeit der Sätze
- Silbenzahl

Gruppe 2

Häufigkeit der Wortarten:

- Nomen
- Verben
- Adjektive
- Interjektionen
- Fremdwörter
- Sonstiges

Gruppe 3

- Häufigkeit/ Art rhetorischer Mittel
- moderne Sprache im Comic

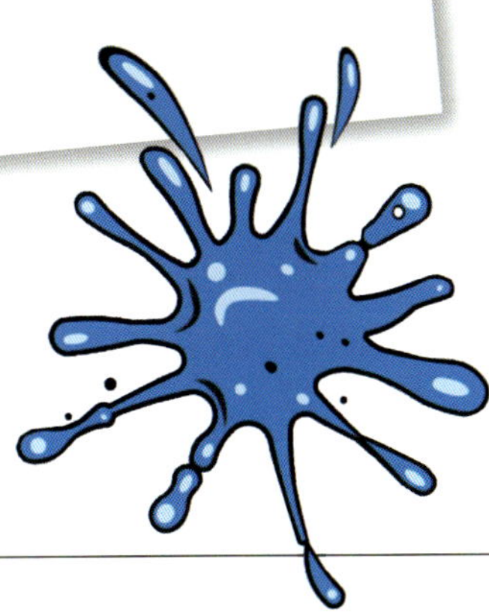

Das schönste Wort

Im Jahr 2004 schrieb der deutsche Sprachrat einen **Wettbewerb** mit dem Titel **„Das schönste deutsche Wort“** aus. Der deutsche Sprachrat – das ist eine Vereinigung, die sich auf die Fahnen geschrieben hat, das Deutsche als Mutter- und Fremdsprache zu stärken und die Sprachliebe zu fördern.

Der Wettbewerb wurde international ausgeschrieben, und sein hauptsächliches Ziel war, die Teilnehmer zur intensiven Beschäftigung mit ihrer Sprache anzuregen. Jeder, der ein Wort einsandte, sollte seine Wahl begründen – also im wahrsten Sinne des Wortes eine Liebeserklärung abgeben. Hier sind einige der Gewinner:

Aufgabe

Jetzt bist du dran. Wie lautet dein schönstes deutsches Wort, und warum? Schreibe es mit einer Begründung auf ein DIN-A4-Blatt. Sammelt dann eure Arbeitsblätter (ohne euren Namen darauf) in einer Box, und wählt mit der ganzen Klasse das schönste Wort mit der schönsten Begründung.

Habseligkeiten

Das Wort bezeichnet nicht den Besitz; nicht das Vermögen eines Menschen, wohl aber seine Besitztümer, und es tut dies mit einem freundlich-mitleidigen Unterton, der uns den Eigentümer dieser Dinge sympathisch und liebenswert erscheinen lässt. Typischer Vertreter dieser Klasse von Eigentümern ist etwa ein 6-jähriges Kind, das den Inhalt seiner Hosentaschen ausbreitet, um sich am Reichtum, an der Vielfalt der geliebten Sammlung zu erfreuen. (...)

– Doris Kalka –

Libelle

Mein schönstes deutsches Wort ist „Libelle“, weil ich Wörter mit dem Buchstaben l liebe und dieses Wort sogar drei davon hat. Das Wort lässt sich irgendwie so leicht sprechen. Das flutscht so auf der Zunge.

Aber ich finde auch, dass Libellen so schön flattern und genau das erkennt man auch in dem Wort. Das Wort macht, dass man diese Tiere von Anfang an mag und keine Angst vor ihnen hat.

Würde das Tier „Wutzelkrump“ oder so heißen, dann wäre das nicht so. Ich wüsste gerne, wer sich dieses Wort ausgedacht hat. Der Mensch war bestimmt sehr freundlich. Weil das Wort das freundlichste ist, das ich kenne.

– Sylwan Wiese, 9 Jahre –

Tausendsassa

Mein schönstes deutsches Wort lautet „Tausendsassa“, weil die Vielseitigkeit eines begabten Menschen“ in einer Sprachmelodie wiedergegeben wird, in der die Melodie des Wortes die Aussage temperamentvoll und kreativ übernimmt.

– Christiane Hillmer –

Quelle: Limbach, Jutta: Das schönste deutsche Wort. Eine Auswahl der schönsten Liebeserklärungen an die deutsche Sprache". Hueber Verlag, 2005 S. 122, 99, 72

Epilog: Die Sprache unserer Enkel

Günther Anders (1902–1992):

„Die Sprachelegie"

I

Uebermorgen werden
mit Wörterbüchern
unsere Enkel über unseren Worten sitzen.
Fluchend, dass eigensinnig
jeder von uns seine eigene Sprache sprach.
Schon heute erfasst mich, wenn ich ihrer gedenke,
Heimweh nach den Bergen und Tälern
unserer Wortlandschaft.

Die Zärtlichkeiten der tausend Sprachen, die
(zusammengefegt vom Winde der Geschichte)
die Völker sich zusammenbrauten aus
Resten der Urzeit, Kommandos der Eroberer,
Idiomen der Sklaven, Diebsgut der Nachbarn – aus
Tausend Zufällen, die sich
banden durch die dauernde Arbeit des Sprechens – bis sie
da war, die Sprache, und siehe, sie war gut. –

Ach, die Zärtlichkeit unserer Sprache wird den
Enkel nicht mehr anrühren. Und schon heute
ziehts mich zurück nach den Bergen und Tälern
unserer Wortlandschaft.

Denn die Arbeit geht weiter: wir,
ständig reisend, wir
vertrieben aus den Schutztälern unserer Sprache –
auch wir
begegnen dem Nachbarn, legen
ihr Wort auf unsere Zunge und unseres auf ihre. Und
die Mühle des Mischwerks mahlt weiter.

II

Für tausend Farben steht ein einzig Wort.
Ach, nur für eine Farbe. Denn das Auge
gehorcht dem Mund. Im Anfang war das Wort. [...]

III

Ein Handgemenge seh ich: tausend Sprachen,
und jede gegen jede. Ungeschlacht,
mit Riesenschultern ragen manche auf,
und andre kriechen Zwergen gleich am Grunde
und stossen aus der Tiefe. Manche kämpfen
mit alten Schwertern. Andre elegant
mit leichter Waffe. Manche kamen nackt
und nur zum Sterben. Aber alle schlagen,
und alle blind, und alle gegen alle. [...]

IV

Verwüstet liegt das gute Land der Sprache.
Und Sätze ragen, kahl und abgelaubt,
das Nichts in ihren Aesten. Redensarten
stehn schräg im Raum, die Wurzeln in der Luft. [...]

V

Doch eines Tages, nach den wüsten Jahren
des Interregnums wird im Sprachenglase
die erste neue reine Farbe stehn:
das erste Wort, nicht nur im Ohr verständlich.
Und wie's beschrieben steht in der Apostel –
Geschichte Zwei: da werden Menschen staunend
aus aller Herren Länder und betroffen
einander fragen: Wie geschah mir nur,
dass jeder plötzlich meine Mundart spricht?
Und diesmal wird's bedeuten, dass sie endlich
doch noch erschien, die Sprache unsrer Enkel,
die Zunge aller Herzen dieser Welt.

Dann dürfen sie, ja dann, die Wörterbücher
und tausend Sprachen unsrer Wanderzeit
vergraben wie die Speisereste, die
wir Väter einst, auf unwegsamen Wegen
mühselig reisend, ohne anzukommen,
auf Gräbern liessen und am Strassenrand.

Quelle: Krellmann, Hanspeter (Hg.):
Babel ist überall. Lesebuch. Dtv, 1989. S. 134 ff.

Aufgaben

1. **Der Autor des Gedichts war Sozialphilosoph und Schriftsteller deutsch-jüdischer Herkunft. Er emigrierte kurz nach dem Reichstagsbrand 1933 nach Paris. Das Gedicht verfasste er 1944. Wie könnte man es vor diesem Hintergrund verstehen?**

2. **Bildet Kleingruppen. Sucht euch zwei der folgenden Themen im Zusammenhang mit Sprache aus, die ihr möglichst schon im Unterricht behandelt habt. Setzt sie in Bezug zu Teilen des Gedichts von Günther Anders. Tragt eure Ergebnisse in der Klasse zusammen.**
   a. Sprachgeschichte
   b. Sprachwandel
   c. Lehn- und Erbwörter
   d. Esperanto/Kunstsprachen
   e. versch. Sprachen/Übersetzungen
   f. Turmbau zu Babel
   g. Sprache und Denken
   h. Kommunikation
   i. Propaganda

Lösungen und Bildnachweis

S. 44 ▸ Wie der Hund in die Pfanne kam

a) Diese Redensart stammt aus der Seefahrt und bezieht sich ursprünglich auf einen besonders erfahrenen Seefahrer, der schon viele Meere bereist hat. Man drückt den Respekt für seinen Erfahrungsreichtum aus.

b) Jahrtausende lang wurde Urin zur Ledergerbung und zur Wäschereinigung verwendet. Darum wurden in Rom an belebten Straßen Latrinen aufgestellt, in denen Urin gesammelt wurde. Der Kaiser Vespasian erhob dann auf diese öffentlichen Toiletten eine so genannte Latrinensteuer.

c) Diese Redensart geht auf die Geschichte vom Trojanischen Pferd zurück. Im Kampf gegen Troja, dessen Stadtmauern sie nicht überwinden konnten, bauten die Griechen ein riesiges Pferd. Im Auftrag von Odysseus erzählte ein Grieche den Trojanern, seine Landsleute seien abgereist und hätten das Pferd als Opfer für eine gute Heimreise zurückgelassen. Die Trojaner glaubten ihm, und als sie das Pferd in die Stadt geholt hatten, kletterten zahlreiche griechische Kämpfer heraus und eroberten die Stadt.

d) Diese Redensart stammt aus dem Mittelalter. Am Baldachin der Himmelbetten verlief (auf der Innenseite) ein kleiner Balken. Darauf konnte man seine Wertsachen gut verstecken. Um die Sache noch sicherer zu gestalten, baute man teilweise kleine Geheimfächer in den Baldachin ein.

_ *Informationen nach: www.bildung-news.com und www.wikipedia.de*

S. 64 ▸ Andere Sprachen von Dorf zu Dorf – Dialekte

1. → Kölsch: „Am Eigelstein es Musik" – De Räuber
→ Sächsisch: „Das sächsische Ding" – Jürgen Berndt-Lüders
→ Bayrisch: „... is was g'schehn, sagt er" – Volkslied
→ Plattdeutsch (Schleswig-Holstein): „Dat u min Leevsten büst" – Volkslied

S. 70 ▸ Gebärdensprache – stumme Worte

Bild 1: Das schmeckt gut!;
Bild 2: hassen

S. 79 ▸ Die Zugspitztoten: Ein Fall vor Gericht

Der Veranstalter wurde schließlich freigesprochen mit der Begründung, dass die Eigenverantwortung der Teilnehmer höher zu werten sei als die des Veranstalters. Die fahrlässige Tötung werde aufgehoben durch die eigenverantwortliche Selbstgefährdung der Teilnehmer.

S. 87 ▸ Sprache schafft Wirklichkeit

Die Firma stellt Kunstharze her.

Bildnachweis

- S. 8: © sk_design – Fotolia.com
- S. 9: © nicole01877 – Fotolia.com
- S. 10: © Jullien – Wikipedia
- S. 11: © marqs – PHOTOCASE
- S. 13: © Wikipedia
- S. 14: © Francesco Gasparetti – Wikipedia
- S. 17: © elham1970 – Fotolia.com
- S. 19: © Wikipedia
- S. 20: (Zettel) © picsfive – Fotolia.com
- S. 21: © Merker Berlin – Wikipedia
- S. 24: © Marin Conic – Fotolia.com
- S. 26: © Michael Kempf – Fotolia.com
- S. 27: © Wikipedia
- S. 28: © xiangdong Li – Fotolia.com
- S. 29: © Anatomical Design – Fotolia.com
- S. 30: © orzschild – Fotolia.com
- S. 31: © Thomas Röske – Fotolia.com
- S. 32: © Jumpingsack – Fotolia.com
- S. 33: © Wikipedia
- S. 36: © Nimbus – Fotolia.com
- S. 37: © Melissa Schalke – Fotolia.com
- S. 40: © Aliaksei Hintau – Fotolia.com
- S. 41: © Aliaksei Hintau – Fotolia.com
- S. 42: © Aliaksei Hintau – Fotolia.com
- S. 43: © electriceye – Fotolia.com
- S. 44: © jonnysek – Fotolia.com
- S. 45: (Blumen) © J – Fotolia.com
- S. 48: © Wikipedia
- S. 50: © Günter Menzl – Fotolia.com
- S. 52: © Luiz – Fotolia.com
- S. 54: © Wikipedia
- S. 55: © Xander – Wikipedia
- S. 59: © creative – Fotolia.com
- S. 60: © Kzenon – Fotolia.com
- S. 61: © proffelice – Fotolia.com
- S. 62: (Smartphone) © vege – Fotolia.com
- S. 63: © Blue Wren – Fotolia.com
- S. 64: © Wikipedia
- S. 65: © Tetastock – Fotolia.com
- S. 66: © mipan – Fotolia.com
- S. 68: © Hanae Yamashita – Fotolia.com
- S. 69: (o.l.) © ds21, (o.r.) © Irina Fischer, (u.l.) © Sergey Komarov, (u.r.) © Gina Sanders; alle Fotolia.com
- S. 70: (beide) © fotofrank – Fotolia.com
- S. 73: © Birgit Reitz-Hofmann – Fotolia.com
- S. 74: © Joo Hwee Goh – Fotolia.com
- S. 76: © Wikipedia
- S. 77: © biglama – Fotolia.com
- S. 78: © Wikipedia
- S. 80: © Angelika Bentin – Fotolia.com
- S. 81: (Zettel) © Dzmitry Sukhavarau – Fotolia.com, (DDR-Medaille) © Wikipedia
- S. 84: © larsen42 – Fotolia.com
- S. 85: © Johanna Mühlbauer – Fotolia.com
- S. 87: © shockfactor – Fotolia.com
- S. 88: © sashpictures – Fotolia.com
- S. 89: © julien tromeur – Fotolia.com
- S. 90: © q-snap – Fotolia.com
- S. 91: © Eugeny Moskvitin – Fotolia.com
- S. 94: © z576 – Fotolia.com
- S. 95: © willnidd – Fotolia.com
- S. 96: © Trevor Slauenwhite – Fotolia.com
- S. 97: © Pipalana – Fotolia.com
- S. 98: © Marius Hasnik – Fotolia.com
- S. 100: © sabine voigt – Fotolia.com
- S. 101: © Volker Z – Fotolia.com
- S. 102: © Anna Khomulo – Fotolia.com
- S. 104: © creative – Fotolia.com
- S. 106: (Kleckse) © antipathique – Fotolia.com
- S. 107: (Kleckse) © antipathique, (Ringbuch) © Nimbus; beide Fotolia.com
- S. 108: (Zettel) © picsfive, (Libelle) © vnlit; beide Fotolia.com

Literatur

Achilles, Ilse u. Pighin, Gerda:
Vernäht und zugeflixt!
Von Versprechern, Flüchen, Dialekten & Co.
Duden Verlag, 2008.
ISBN 978-3-411-70356-2

Boetius, Henning u. Hein, Christa:
Die ganze Welt in einem Satz.
Sprach- und Schreibwerkstatt für junge Dichter.
Beltz, 2011.
ISBN 978-3-407-75349-6

Geo Wissen Nr 40:
Sprache.
Gruner & Jahr AG & Co. KG, 2007.

Hacke, Axel:
Wortstoffhof. Sprachgeschichten von Äh bis Zeitfenster.
Verlag Antje Kunstmann, 2008.
ISBN 978-3-88897-508-0

Hacke, Axel und Sowa, Michael:
Der weiße Neger Wumbaba.
Verlag Antje Kunstmann, 2004.
ISBN 978-3-8889-7367-3

Limbach, Jutta:
Das schönste deutsche Wort.
Eine Auswahl der schönsten Liebeserklärungen an die deutsche Sprache.
Hueber Verlag, 2005.
ISBN 3-19-007891-2

Mrozek, Bodo:
Lexikon der bedrohten Wörter.
Rowohlt, 2005.
ISBN 978-3-499-62077-5

Nützel, Nikolaus:
Sprache oder was den Mensch zum Menschen macht.
CBJ, 2007.
ISBN 978-3-570-13027-8

Schlosser, Horst Dieter:
Lexikon der Unwörter.
Bertelsmann, 2000.
ISBN 978-3-57710-449-4

Zimmer, Dieter E.:
So kommt der Mensch zur Sprache.
Über Spracherwerb, Sprachentstehung, Sprache & Denken.
Heyne Verlag, 2008.
ISBN 978-3-453-60065-2

Links*

- **www.dw-world.de/dw/0,,8150,00.html**
  Seite der Deutschen Welle zu deutschen Dialekten. Mit Anekdoten, Hörbeispielen etc.
- **www.alvit.de/vf/de/mark-twain-die-schreckliche-deutsche-sprache.php**
  Hier findet sich der komplette Essay von Mark Twain über die „schreckliche deutsche Sprache".
- **www.jugendwort.de**
  Alle Infos und die aktuellen Nominierungen.
- **www.gfds.de**
  Seite der Gesellschaft für deutsche Sprache mit vielen interessanten Inhalten, unter anderem zum Unwort des Jahres.
- **www.wdr.de/tv/quarks/sendungsbeitraege/2004/1123/uebersicht_sprache.jsp**
  Interessante Themensendung zur Sprache.

*Die in diesem Werk angegebenen Internetadressen haben wir geprüft (Stand August 2011). Da sich Internetadressen und deren Inhalte schnell verändern können, ist nicht auszuschließen, dass unter einer Adresse inzwischen ein ganz anderer Inhalt angeboten wird. Wir können daher für die angegebenen Internetseiten keine Verantwortung übernehmen.

Verlag an der Ruhr

Postfach 10 22 51
45422 Mülheim an der Ruhr

Telefon 030/89 785 235
Fax 030/89 785 578

bestellungen@cornelsen-schulverlage.de
www.verlagruhr.de

Es gelten die Preise auf unserer Internetseite.

(Un)Geliebte Rechtschreibung

Lernspiele mit Merkregeln
Nina Wilkening
Kl. 5–8, 68 S., A4, Papphefter
ISBN 978-3-8346-0740-9
Best.-Nr. 60740
19,80 € (D)/20,40 € (A)/33,10 CHF

(Un)Geliebte Grammatik

30 Lernspiele mit Merkregeln
und Arbeitsblättern
Nina Wilkening
Kl. 5–7, 66 S., A4, Papphefter
ISBN 978-3-8346-0453-8
Best.-Nr. 60453
19,50 € (D)/20,10 € (A)/32,60 CHF

Aufsätze konkret

Tipps und Schreibanleitungen
vom Unfallbericht bis
zum Zeitungsartikel
Alexandra Piel
Kl. 7–11, 129 S., A4, Paperback
ISBN 978-3-8346-0457-6
Best.-Nr. 60457
19,80 € (D)/20,40 € (A)/33,10 CHF

So geht das!

Aufsatzkorrekturen fair und transparent

Checklisten und Beurteilungshilfen
Franz-Josef Scheidhammer
Kl. 5–10, 97 S., A4, Paperback mit CD-ROM
ISBN 978-3-8346-0328-9
Best.-Nr. 60328
19,80 € (D)/20,40 € (A)/33,10 CHF

Das große Arbeitsbuch Literaturunterricht

Lyrik, Epik, Dramatik
Rolf Esser
Kl. 8–11, 173 S., A4, Paperback
ISBN 978-3-8346-0234-3
Best.-Nr. 60234
23,– € (D)/23,70 € (A)/38,40 CHF

Sachtexte

Texte lesen – verstehen – erfahren
Silke Tiedemann
Kl. 5–7, 73 S., A4, Papphefter
ISBN 978-3-8346-0745-4
Best.-Nr. 60745
19,50 € (D)/20,10 € (A)/32,60 CHF

Märchen, Fabeln, Sagen

Kreative Textarbeit mit alten Stoffen
Nina Wilkening
Kl. 5–7, 55 S., A4, Papphefter
ISBN 978-3-8346-0228-2
Best.-Nr. 60228
17,80 € (D)/18,30 € (A)/30,10 CHF

Kurzgeschichten

Texte lesen – verstehen – erfahren
Alexandra Piel
Kl. 7–10, 88 S., A4, Papphefter
ISBN 978-3-8346-0579-5
Best.-Nr. 60579
19,80 € (D)/20,40 € (A)/33,10 CHF

Schüler fordern und unterstützen